Kreativ Bayerisch kochen

ZUM ERSTEN,
ABER SICHER NICHT
ZUM LETZTEN MAL
BEI »LUDWIG II«!
HERZLICHEN DANK
LORIOT
27.12.88

Otto Koch

Kreativ
Bayerisch kochen

Einleitung von
Martin Schäfer

Fotos von
Peter Fischer

Hugendubel

Um den Kontakt zu den vielen Feinschmeckern und Freunden aufrechtzuerhalten, wurde der Otto Koch Weinclub gegründet. Wenn Sie Interesse haben, schreiben Sie an:

Otto Koch Weinclub
Le Gourmet Weine
Eschenriederstraße 47
82194 Gröbenzell

Die Deutsche Bibliothek – CIP-Einheitsaufnahme
Koch, Otto:
Kreativ Bayerisch kochen / Otto Koch. Einl. von Martin Schäfer. Fotos von Peter Fischer. – München : Hugendubel, 1998
ISBN 3-89631-233-2

Lektorat: Kristin Bamberg, München
Umschlaggestaltung: Zembsch' Werkstatt, München
Produktion: Tillmann Roeder, München
Satz: SatzTeam Berger, Ellenberg
Reproduktion: Fotolito Veneta, Martino
Druck und Bindung: Bosch Druck, Landshut
Printed in Germany

ISBN 3-89631-233-2

Inhalt

Danke!

Allen voran möchte ich mich bei den Gästen und Freunden bedanken, die uns viele Jahre treu waren und Freude an den kulinarischen Dingen hatten, die wir für sie kreiert haben.

Dank auch an die vielen Mitarbeiter, die im Laufe von mehr als 20 Jahren mit bewundernswertem Einsatz ihren Beitrag für unsere Sache geleistet haben. Ihre Loyalität gab mir die Kraft und die Motivation, kontinuierlich an einer vitalen Truppe zu formen und neue Ideen zu entwickeln. Viele ehemalige Mitarbeiter sind mittlerweile gute Freunde geworden und erfolgreich einen eigenen Weg gegangen. Einige ihrer Rezepte, die ausgezeichnet zum Thema »Kreative Bayerische Küche« passen, sind in diesem Buch aufgenommen.

Ich bedanke mich bei allen, die bei der Fotoproduktion engagiert mitgewirkt haben: Toni Krank, der in der Küche dafür gesorgt hat, daß die Gerichte perfekt zubereitet wurden. Er wurde unterstützt von Daniel Petri und Bernd Hagmüller. Peter Fischer und seinen Mitarbeitern für die liebevolle fotografische Umsetzung. Für das Styling Hanna Raissle, die jahrelang die wunderschönen Blumendekorationen im »Le Gourmet« arrangiert hat.

Meinen Kindern Philip und Marisa und meiner Frau Laureen, die mir durch ihre Geduld und Unterstützung immer Halt gegeben haben, gilt mein ganz besonderer Dank.

Gröbenzell, im Juni 1998

Otto Koch

Der Philosoph am Herd

»Wer die Hitze nicht verträgt, taugt nicht für die Küche.« Dieser Satz gehört zu Eckart Witzigmanns Lieblingssprüchen – und will sagen, daß Kochkunst nichts für Wehleidige und Halbherzige ist. Zur Kreativität muß Standfestigkeit kommen, die auch durch hohe Temperaturen nicht gemindert wird. Sonst kann man's gleich bleiben lassen. Die Hitze darf nicht zur Hektik verführen, zu nervöser Betriebsamkeit und Wichtigtuerei. Planlose Vergeudung von Kraft und Energie ist ein schlechter Begleiter auf dem schwierigen Weg zu den Gipfeln der Kochkunst.

Das wußte Otto Koch von Anfang an. Denn Otto Koch ist Bergsteiger – und kam bisher immer nach oben. Als einer der besten deutschen Küchenkünstler hat er die alte Faustregel aller Alpinisten beherzigt, daß man einen Berg mit langsamen Schritten angehen muß, um bis zu den höchsten Höhen vorzustoßen. Wer den Einstieg mit hechelnder Kurzatmigkeit beginnt, wird bald schlappmachen – als Bergsteiger und als Koch.

Langsam und behutsam begann Otto Koch seinen Einstieg in die europäische Spitzengastronomie, in der er bis zur Beletage der kulinarischen Edelklasse vorstieß, belohnt mit den höchsten Auszeichnungen in den Bibeln der Feinschmecker und der Gourmets mit besonders sensibler Zunge. Hochgeachtet von seinen großen Kollegen am Herd wie Eckart Witzigmann, bewundert und geliebt vom großen Heer seiner Fans und Freunde.

Angefangen hat alles 1974 in einer simplen Bierwirtschaft im Münchner Westend, einem Stadtviertel, um das die Schickeria der Glitzermetropole damals einen Bogen machte. Gut, die Messe brachte einen Hauch von Weltläufigkeit in das Viertel. Aber sonst breitete sich beschauliche Kleinbürger-Idylle aus. Wer ins Wirtshaus ging, bestellte Leberkäs' oder Schweinebraten und trank dazu ein Bier. Man wollte sich möglichst preiswert schnell satt essen und seinen Durst löschen.

Es war also keine Gegend, in der Abend für Abend an raffinierter Edelkost und üppiger Selbstdarstellung interessierte Mitglieder der geldigen Glamour-Aristokratie verkehrten – es handelte sich vielmehr um ein anspruchsloses Quartier der liebenswürdigen Grattler und Grantler, wie man Kleinbürger in Bayerns Hauptstadt zu nennen pflegt.

Ganz den Sprachgewohnheiten des direkten Umfeldes angepaßt, taufte Otto Koch sein erstes Lokal auf den schlichten Namen »Mei Küch«. Und es waren die traditionellen Speisen der Münchner, die er auf die Karte setzte. Einen Luxus allerdings gönnte sich der frischgebackene Wirt – er begab sich gleich mit hohem Anspruch an den Herd.

Er servierte Fleischpflanzerl, die eben etwas anders schmeckten als aus der geschmacksneutralen Routine-Küche. Er entdeckte altbayerische Spezialitäten wieder, die im Zeitalter der Steaks und der phantasielos schnellen Allerweltskost vergessen waren und machte aus dem Semmelknödel eine Delikatesse. Er setzte Kutteln auf die Karte, machte sich ein Vergnügen daraus, seine Gäste mit einem gebackenen Kalbskopf zu überraschen, erhob das traditionelle Saure Lüngerl zu einem Spitzengericht und verwendete bei der Zubereitung vom Blutwurstgröstl so viel Sorgfalt, daß es später zu einem seiner Klassiker wurde.

Verblüfft und verwundert stellten erprobte Wirtshausgeher fest, zu welchen Höhenflügen auch bayerische Kochkunst fähig ist. Zumal die bayerische Küche viele Jahrzehnte in dem Ruf stand, daß sie außer Deftigkeiten nichts zu bieten hat. Otto Koch war einer der ersten, der dieses harsche Vorurteil entkräftete. Bei ihm schmeckte der Kartoffelsalat nach Kartoffeln und der gefüllte Ochsenschwanz nach besonders würzigem Fleisch.

Schwierig war der Start im Westend. Die Laufkundschaft aus der direkten Umgebung war weder verwöhnt, noch hatte sie Lust, viel Geld auszugeben. Es war wenige Wochen nach der Eröffnung des Lokals »Mei Küch«, als Otto Koch, gerade vom Einkaufen kommend, sein Auto in eine knappe Parklücke vor dem Eingang rangierte. Ein Passant sah dem Manöver interessiert zu und fühlte sich anschließend verpflichtet, ihn vor dem Betreten

Illustre Versammlung im »Le Gourmet« Ende der siebziger Jahre: Ernst Soldan, Küchenchef im »Böttner«, Heinz Winkler, Küchenchef im »Tantris« und Eckart Witzigmann, Küchenchef im »Aubergine« in München, Paul Bocuse aus Lyon, Otto Koch und zwei junge Köche aus seiner Brigade (von links).

des Wirtshauses zu warnen: »Gengas da bloß net nei. Da kost'n zwei Supp'n und zwei Bier 14 Mark.« Das war 1974.

Ganze zwölf Mark kostete eine Portion Kutteln, bei deren Zubereitung sich der Chef des Hauses besondere Mühe gab. Denn er hielt die heute auch von anspruchsvollen Gourmets besonders geschätzten Innereien für eine besondere Delikatesse in der weiß-blauen Küchenlandschaft. Doch aller Aufwand war zuerst einmal vergebens. Ganze vier Portionen hat der Wirt im ersten Jahr verkauft. Dem Frust folgte jedoch der Erfolg. Später, als er die Kutteln in Champagnersauce anbot und mit 28 Mark für weit mehr als das Doppelte verkaufte, wurde die Speise zum großen Renner auf der Speisekarte. Bis zu 50 Mal pro Woche wurden Otto Kochs Kutteln geordert.

Aus dem Lokal »Mei Küch« war inzwischen das »Le Gourmet« geworden. Die ehemalige einfache Bierwirtschaft hatte sich in ein kleines Tempelchen der gehobenen Eßlust verwandelt. Zäh und unverdrossen arbeitete Otto Koch an sich und der Verfeinerung seiner Gerichte. Er widerlegte alle Skeptiker, die nicht daran glauben wollten, daß sich auch aus einer Vorstadtkneipe etwas machen läßt. Das »Le Gourmet« wurde zum Geheimtip in der Münchner Szene.

Jetzt kamen sie plötzlich alle, die an den feinsten Futterkrippen Europas geschulten Gourmets, die verwöhnten Besitzer edler Gaumen, die Einflußreichen und die Spesenritter. Was nicht bedeutete, daß das alteingesessene Publikum von Otto Kochs Töpfen ausgeschlossen blieb. Ganz im Gegenteil. Die Tatsache, daß sich hier in der Vorstadt betuchte, aber eben auch weniger betuchte Schlemmer zusammenfanden, wenn Otto Koch sein kulinarisches Hochamt zelebrierte, machte ja gerade den unverwechselbaren Charme des kleinen Restaurants aus.

Beflügelt von den Erfolgen steigerte sich die Kreativität des Chefs immer mehr. Wie kann man wichtige Grundprodukte neu kombinieren, mit welchen Geschmacksvarianten lassen sich bayerische Traditionsgerichte zu überraschenden Speisen weiterentwickeln? Otto Koch wurde nicht müde, nach neuen Wegen zu suchen. Wobei sein Ehrgeiz im-

Jean-Marie Meulien, Küchenchef des »L'Oasis« in La Napoule, und Otto Koch vor dem »Le Gourmet«.

mer darauf abzielte, den spezifischen Eigengeschmack von Fisch, Fleisch oder Gemüse voll auszuspielen – wenn auch in bisweilen gewagten neuen Kreationen.

Ein Ergebnis dieser ungebremsten Lust am Experimentieren ist die inzwischen schon legendäre »Falsche Prinzregententorte« Otto Kochs. Mit der altbayerischen Traditionstorte hat sie äußerlich nur insofern eine gewisse Ähnlichkeit, weil sie aus verschiedenen Schichten besteht und in Form einer Tortenschnitte auf den Teller kommt. Doch weder Schokolade, Sahne noch Zucker finden sich in der Leckerei. Sie ist das Werk eines phantasiebegabten Küchenkünstlers, der damit verblüffte, daß er Steinpilze, Morcheln, Schalotten und Kräuter zusammen mit Mehl und Eiern so kombinierte, daß ein Zwischengericht entstand, das selbst bei verwöhntesten Schlemmern Glücksgefühle auslöst.

Deutschlands besonders strenger Feinschmecker-Papst Wolfram Siebeck, der bei einer seiner Erkundungstouren zunächst unerkannt ins »Le Gourmet« geriet, war jedenfalls nach dem Genuß der »Falschen Prinzregententorte« so entzückt, daß er spontan in die Küche stürmte und dem Küchenchef voller Begeisterung die Hand zur Gratulation reichte. Diese Begeisterung hatte Folgen. Im »Stern« schrieb Siebeck auf drei Seiten eine Hymne auf Otto Koch und sein Restaurant. Der Vorstadtwirt war zum Star geworden.

Es sollte auch nicht mehr lange dauern, bis sich die gefürchteten kulinarischen Tester vom »Guide Michelin« unerkannt unters Publikum mischten, um sich ein Bild von den Qualitäten des kleinen Westend-Restaurants zu machen. Das war 1976, also nur zwei Jahre nach der Eröffnung des Lokals. Die Tester waren offensichtlich sehr angetan, denn sie adelten Otto Koch mit einem Stern. Der große Durchbruch war geschafft.

Wenn sich nach vielen Jahrzehnten der kulinarischen Bedeutungslosigkeit München in den siebziger und achtziger Jahren zu einem deutschen Mekka der anspruchsvollen Schlemmer entwickelte, dann hat Otto Koch einen entscheidenden Beitrag dazu geliefert. Die süddeutsche Metropole verlor den Ruf gastronomischer Provinzialität und mauserte sich zu einem wichtigen Zen-

Der stolze Vater mit Sohn Philip.

Der Weinkeller des »Schwarzwälder«.

Tochter Marisa und Sohn Philip.

trum gehobener Eßkultur von europäischem Rang. An dieser glanzvollen Karriere hat der Wirt einer einstigen Vorstadtkneipe jedenfalls kräftig mitgekocht.

Es war die Zeit, in der von Paris eine Revolution ausging. Die Gourmet-Kritiker Henri Gault und Christian Millau hatten sie in den siebziger Jahren ausgerufen. »Nouvelle cuisine« hieß der Schlachtruf, der rasch auch in deutschen Restaurants zu hören war. Die neue Küchenphilosophie fand auch diesseits des Rheins ihre Jünger. In ihrem ersten Eifer neigten viele von ihnen zu seltsamen Übertreibungen. Doch vom Kern der Botschaft war auch Otto Koch überzeugt. Sie lautete stark verkürzt: Leichtere Speisen, mehr Phantasie! Otto Koch hatte rasch erkannt, daß dies ein Weg war, um auch die bayerische Kost zu modernisieren. Er ließ sich auf das Abenteuer ein – und gewann.

Blick ins »Le Gourmet«.

Nouvelle cuisine auf bayerisch

Er hat es sich nicht nehmen lassen. Otto Koch legte Wert darauf, als echter Münchner zur Welt zu kommen. Das war am 4. Januar 1949, also vier Jahre nach dem Ende des Zweiten Weltkriegs. Die Zeiten waren nicht gerade rosig. Man hatte zwar wieder etwas zu essen, doch an kulinarische Höhenflüge war damals nicht zu denken. Man ernährte sich mit bodenständiger Kost, zu den Gipfeln des Schlemmervergnügens gehörte am Sonntag ein gebratenes Huhn. Das Hendl, wie das Federvieh auf gut bayerisch heißt, wurde zu einem der ersten Wohlstandssymbole der jungen Bundesrepublik.

Die Ansprüche, die der junge Otto Koch ans Leben stellte, waren bescheiden. Natürlich wollte er einmal Erfolg haben, aber der sollte auf soliden Beinen stehen. Als er sich dazu entschloß, seinen Nachnamen zum Beruf zu wählen, verordnete er sich erst einmal eine strenge Lehre. Gerade 16 Jahre alt, fing er in der Küche des seinerzeit berühmten »Regina Palast Hotels« in München an. Sein Lehrmeister war Siegfried Schaber, seinerzeit einer der tüchtigsten und erfolgreichsten deutschen Küchenchefs. Streng, penibel, von untrüglichem Sinn für Niveau und sicherem Instinkt für Nachwuchs-Talente – so regierte Siegfried Schaber im »Regina« und nahm Lehrling Otto Koch unter seine Fittiche.

Auch wenn die Lehrzeit alles andere als bequem war, für den Chef perfektes Können zu den unverzichtbaren Voraussetzungen seines Berufs gehörte und Nachlässigkeiten oder Schlampereien mit äußerster Strenge geahndet wurden – Otto Koch fühlt sich dem Mann, der ihm den richtigen Umgang mit Pfannen und Töpfen beibrachte, noch heute voller Dankbarkeit verpflichtet.

Nach dem erfolgreichen Abschluß der Lehre wählte Otto Koch nicht den bequemen Weg. Er war es seinem Ehrgeiz schuldig, sein Können zu perfektionieren. Die besten Küchen Mitteleuropas waren es, in denen er Erfahrungen sammeln wollte. Wichtige Stationen waren zum Beispiel das

»Restaurant Wallberg« bei Zürich und das »Hotel Carlton« in St. Moritz. In Basel stieß er zum ersten Mal in die einsamen Höhen der Sterneküche vor. Es war das Restaurant »A Point«, in dem er sich den ersten Schliff zum Spitzenkoch holte.

Auch nach dieser sehr anspruchsvollen Tätigkeit fühlte sich der junge, ehrgeizige Herd-Artist noch keineswegs fit genug, um ein eigenes Lokal zu eröffnen. Da mußte schon noch etwas anderes kommen, meinte Otto Koch – und zog weiter auf dem beschwerlichen Weg in noch höhere Regionen der Schlemmerparadiese. Seine nächste Adresse hieß »L'Oasis«, der legendäre Drei-Sterne-Tempel in La Napoule bei Cannes. Das weltbekannte Restaurant galt als eine der begehrtesten kulinarischen Hochburgen des internationalen Jet-Sets. Die Ansprüche an die Qualität und Phantasie der Küche waren gewaltig. Küchenchef im »L'Oasis« war damals Jean Marie Meulien, einer der ganz Großen der Zunft. Von ihm lernte Otto Koch, wie reizvoll es sein kann, wenn man die Geheimnisse regionaler Rezepte auslotet und sie perfektioniert. Jean Marie Meulien wurde zum wichtigen Vorbild für den jungen Bayern – später auch ein guter Freund. Als Otto Koch viele Jahre danach in München den »Schwarzwälder« übernahm, kam der französische Küchenstar unangemeldet eine Woche vor der Eröffnung und sagte: »Hier bin ich. Ich will dir beim Start helfen.« Meulien zog die Kochschürze an und werkelte drauf los. Ohne Honorar, versteht sich, aus reiner Freundschaft.

Hart war die Arbeit im Restaurant »L'Oasis«. Die Brigade in der Küche stand vor der Herausforderung, Abend für Abend die verwöhntesten Gaumen zu überzeugen. Jeden Tag mußten vor einem unbestechlichen Publikum die drei Sterne im Guide Michelin verteidigt werden.

Dann schließlich schaffte Otto Koch den Sprung nach Paris, der unangefochtenen Welthauptstadt der Gourmets. Auch hier war es ein Drei-Sterne-Tempel, dessen Küchentür sich für Otto Koch öffnete: das »Taillevent«. Schon beim Aussprechen des Namens bekam damals die Hocharistokratie der Feinschmeckerfürsten ein gieriges Flackern in den Augen.

Natürlich war es eine wunderbare Erfahrung, von den besten Köchen der Welt ernst genommen und als Kollege akzeptiert zu werden. Natürlich war es ein Glücksgefühl, festzustellen, daß jetzt eigentlich nichts mehr schiefgehen kann. Ob Gänseleberparfait oder Hummer américain, ob rosa gebratenes Lammkarree oder zarte Entenbrust, ob elsässisches Sauerkraut oder Seezunge in Champagnersauce – das alles gehörte nun zum sicher beherrschten Repertoire Otto Kochs und zu den Selbstverständlichkeiten. Jetzt ging es darum, dem Erlernten und vielfach Erprobten durch eigene Kreativität eine ganz persönliche, unverwechselbare Note zu geben. Eben eine Küche à la Otto Koch zu entwickeln.

Alles schön und gut. Große Sachkenntnis in Ehren, eine kompromißlose Auswahl der Zutaten – eine Selbstverständlichkeit, eine optimale Zubereitung dank perfekter Ausbildung – sicher auch ganz wichtig. Doch jetzt kam es auf den ganz bestimmten Kick an, der aus dem hohen Standard antrainierter Routine eigenständige Kochkunst werden läßt, behaftet mit der Aura des Außergewöhnlichen. Nicht ausgelatschte Pfade weiterzugehen, sondern neue Wege zu suchen – das hatte sich Otto Koch vorgenommen, als er sich entschloß, sich selbständig zu machen.

Dabei besann er sich seiner Münchner Herkunft und machte sich auf Entdeckungsreise in die bayerische gastronomische Landschaft. Es war die Zeit, in der auch die Hohenpriester von Frankreichs Haute cuisine die Vorzüge der regionalen Küche zu schätzen lernten. Kunstvoll montierte fette Saucen, raffinierte Fischkompositionen, bis zur Unkenntlichkeit verfremdete Fleischgerichte und üppig arrangierte Desserts mit wahren Sahne-Orgien – die Zeit für derlei übersteigerte Pirouetten elitärer Küchenkünstler ging dem Ende entgegen.

Die Grenzen zwischen hochgestochener Haute cuisine und der einfachen ländlichen Kost riß Otto Koch nieder. Für ihn gab es ab sofort nur noch einen Unterschied, nämlich den zwischen einer guten und einer schlechten Küche. Egal ob Bratwurst oder Gänseleber – ein guter Koch nimmt beides gleich ernst.

Im Klartext heißt das, daß eine gute Rinderroulade es sehr wohl mit einem Filetsteak aufnehmen kann, ein richtig und sorgfältig gebratener Hering einem Langustenschwanz durchaus Konkurrenz machen kann und ein liebevoll zubereiteter Blumenkohl einer Artischocken-Kreation in nichts nachsteht.

Horst Buchholz, ein langjähriger Freund Otto Kochs und Stammkunde im »Le Gourmet«.

Natürlich konnte es nicht ausbleiben, daß das Engagement für die Wiederbelebung regionaler Küchen-Köstlichkeiten gelegentlich mit Unverständnis belohnt wird. Otto Koch hatte gerade mal wieder seine Speisekarte um neue Köstlichkeiten bereichert, als der Chef eines renommierten Restaurantführers mit sechs Begleitern zu Gast war. Nach umständlichen und sehr langwierigen Beratungen hatten sich die professionellen Feinschmecker endlich zu einer Bestellung durchgerungen. Sie orderten beim Kellner siebenmal Filetsteak mit gemischtem Salat. Die Enttäuschung des Restaurantchefs war groß, Frust total war angesagt, und Otto Koch dachte kurzfristig darüber nach, ob er nicht doch lieber seinen Beruf wechseln soll.

Nachdem er sich vom ersten Schock erholt hatte, blieb er doch seinem Restaurant treu. Und hielt sich an seinen einmal gefaßten Entschluß: »Ich habe in meiner Küche immer versucht, aus regionalen Produkten oder bayerischen Zubereitungsarten durch witzige Kombinationen und eine optisch überraschende Art, ein Gericht anzurichten, etwas

Otto Koch, Eckart Witzigmann und Paul Breitner bei der Verkostung des neuen Witzigmann-Champagners im »Aubergine« 1986 in München.

markant anderes zu machen und natürlich auch zu verbessern. Wichtig war für mich immer, nicht zu verändern, nur um zu verändern. Nein, bei mir geschieht nichts grundlos.«

Von der Bierwirtschaft zum Gourmet-Tempel

Die kulinarischen Triumphe, die Otto Koch in seiner ehemaligen kleinen Bierwirtschaft feiern konnte, hatten Folgen. Vom Lokal in der Vorstadt lockte ihn das Management des Hotels »Bayerischer Hof« mitten in die Münchner City. Im altehrwürdigen Gebäude des traditionsreichen Restaurants »Schwarzwälder« eröffnete er 1989 ein imposantes gastronomisches Imperium mit drei Lokalen, einer Bankettabteilung, einem Privatclub und einer Vinothek mit Weinhandel und Weinaccessoires wie edlen Korkenziehern, Karaffen zum Dekantieren, Gläsern und Kochbüchern. Logischerweise reichte das bisherige Personal längst nicht aus. Der Stab an Köchen, Kellnern, Sommeliers und Hilfskräften wuchs auf 60 Mitarbeiter.

Es war ein breitgefächertes kulinarisches Repertoire, das Otto Koch seinen Gästen bot. Glanzstück war natürlich das »Le Gourmet«, dessen Name bereits vor dem Umzug in die Innenstadt zu einem Gütesiegel geworden war. Es lag im ersten Stock des Gebäudes in der Hartmannstraße und verbreitete die distinguierte Atmosphäre eines ehrgeizigen Sterne-Restaurants. Hier zelebrierte der Chef des Hauses seine anspruchsvolle Küche. Das neue

Der Schauspieler Heiner Lauterbach ist ein Freund der Familie. Er gehörte zu den Stammkunden im »Le Gourmet«.

alte »Le Gourmet« wurde rasch zu einer der bevorzugten Adressen der Münchner Feinschmecker-Gilde. Hier labten sich an Otto Kochs Pfannen und Töpfen alle, die das Außergewöhnliche und Einfallsreiche suchten – Politiker und Schauspieler, Musikagenten und Geschäftsleute, Lebenskünstler, smarte Manager und viele zur Schlemmerei entschlossene fröhliche Typen der Millionenstadt. Ein Menü im »Le Gourmet« gehörte zu den unverzichtbaren Bestandteilen im Wochenprogramm der Münchner Paradiesvögel und derer, die sich dafür hielten. Schließlich war hier phantasievolle, große Küche angesagt, bei deren Genuß das Lebensgefühl neuen Aufschwung erhielt.

Den Kontrast zum Edeltreff der Gourmets bot das gutbürgerliche Restaurant »Schwarzwälder« im Erdgeschoß, das sich der soliden bayerischen Traditionsküche verpflichtet hatte. Hier saß der Gast in einem von dunklem Holz geprägten Interieur, das urbane Behaglichkeit ausstrahlte. Klassiker wie Tafelspitz mit Apfelkren, Schmorbraten, Fische aus Bayerns Flüssen und Seen sowie Kaiserschmarrn oder Apfelkücherl standen auf der Karte. Ein bißchen oldfashioned, das war er schon, der »Schwarzwälder«. Aber es war ja gerade die Patina, gegerbt von in vielen Jahrzehnten ausgelebter Genußfreude, die den spezifischen Reiz des alten Gemäuers ausmachte.

Dieser 12jährige war der jüngste Gast, dem Otto Koch je ein 10-Gänge-Menü servierte.

Und dann natürlich das Bistro. Man saß an kleinen Tischen oder an der langen Theke. Man trank die feinsten Weine glasweise, genoß die kleinen Köstlichkeiten – wie Kutteln, Saures Lüngerl oder Fleischpflanzerl mit Kartoffelsalat – ein Gericht, das bei Otto Koch schon fast eine Art Kultspeise war. Denn weit und breit gab es die Pflanzerl nicht so locker, so besonders fein abgeschmeckt. Selbst gutbetuchte Vorstandsvorsitzende zierten sich nicht lange, immer wieder das einfache altbayerische Gericht aus Großmutters Küche zu ordern.

Aber was heißt da einfach? Die Qualität eines Kochs zeigt sich ja gerade darin, auch scheinbar harmlose Speisen so zuzubereiten, daß sie zur kulinarischen Offenbarung werden. Gerade Fleischpflanzerl, die in Norddeutschland auf den in süddeutschen Ohren so hart klingenden Namen Frikadellen hören, erfordern von der Küche besonders viel Hingabe. Das bewies auch Eckart Witzigmann in seiner legendären »Aubergine«, in der die kleinen Bällchen aus Hackfleisch, kleingeschnittenen Semmeln, Milch und Eiern zu den Delikatessen der Extraklasse gehörten.

Otto Kochs Bistro war der Treff von Journalisten, von Anwälten, die sich auf die Dauer einer kurzen

INTERNATIONAL
Herald Tribune
PUBLISHED WITH THE NEW YORK TIMES AND THE WASHINGTON POST
MONDAY, SEPTEMBER 19, 1994

Rating the World's Best Restaurants: GERMANY

THE LIST SO FAR

The following is an evolving list of the 10 best restaurants in the world and the 10 best casual restaurants, based on reporting so far. The list includes reviews on Hong Kong, Tokyo, the United States, France, the Benelux countries, Spain, Britain, Switzerland and Germany.

The Top Tables

- **No. 1: Joël Robuchon,** 59 Avenue Raymond-Poincaré, Paris 16, *tel: 47-27-12-27.*
- **No. 2: Restaurant Fredy Girardet,** 1 Route d'Yverdon, Crissier (6 kilometers west of Lausanne), Switzerland, *tel: (21) 634-0505.*
- **No. 3: Lai Ching Heen,** The Regent, Salisbury Road, Hong Kong, *tel: 721-1211.*
- **No. 4: Le Louis XV-Alain Ducasse,** Hôtel de Paris, Place du Casino, Monte Carlo, Monaco, *tel: 92-16-30-01.*
- **No. 5: Ki-Cho (Kitcho),** Chuo-ku, Ginza 1-11-2, Hotel Seiyo (B1, basement), Tokyo, *tel: 3535-1177.*
- **No. 6: Jiro,** Chuo-ku, Ginza 4-2-15, Tsukamoto Sozan Building (B1, basement), Tokyo, *tel: 3535-3600.*
- **No. 7: Guy Savoy,** 18 Rue Troyon, Paris 17, *tel: 43-80-40-61.*
- **No. 8: Taillevent,** 15 Rue Lamennais, Paris 8, *tel: 45-63-96-01 and 45-61-12-90.*
- **No. 9: Restaurant Daniel,** 20 East 76th Street, New York, *tel: (212) 288-0033.*
- **No. 10: Schwarzwaldstube,** in Kur &

Agence France-Presse for the IHT

Above left, chef Harald Wohlfahrt and owner Heiner Finkbeiner in Schwarzwaldstube dining room; right, Otto Koch with marrow dish specialty in Le Gourmet kitchen; Päffgen dining room.

Otto Kochs (Bild rechts) guter Ruf reicht bis in die USA.

Mittagspause aus ihrer Kanzlei entfernten, und von Neugierigen, die während ihres Stadtbummels zwischendurch Rast machten.

Der edelste Raum im Kochschen Imperium war der Weinkeller, gelegen in einem jahrhundertealten Gewölbe. Wer das Glück hatte, an dem riesigen, schweren Holztisch einen Platz zugeteilt zu bekommen, konnte nur noch ins Schwelgen geraten. Man speiste umgeben von Tausenden von Flaschen, die in den Regalen lagerten, man saß zwischen Château Lafite und Barolo, zwischen Chardonnay aus dem Collio und Riesling aus dem Elsaß. Das war nicht nur wohltuend und schön anzuschauen, das animierte zum Verkosten der edlen Tropfen. Mit Blick auf die vielen Weine geriet so mancher Gourmet, der gerade eine Auster schlürfte, in Verzückung und kam zu der Überzeugung, daß man in diesem tiefen Keller dem Himmel ein gutes Stück näher gewesen war. Kein Wunder, denn hier lagerten auch die Meßweine, die zum Hochamt im benachbarten Dom geliefert wurden.

So behaglich und beschaulich, so quirlig und fröhlich in den verschiedenen Räumen des Koch-Im-

Kirk Douglas war mit seiner Frau 1993 zu Gast bei Otto Koch im »Schwarzwälder«.

periums getafelt, geschlemmt, gezecht und gefeiert wurde – in der Küche hingegen herrschte Dauerstreß, denn dort wurde dafür gesorgt, daß immer hohe Qualität auf die Tische kam. Hier entstanden die Kreationen, durch die Otto Koch sich weltweit einen Namen machte. Zum Stern im Guide Michelin kamen rasch 18 von 20 möglichen Punkten im Gault Millau. Die Gourmet-Zeitschriften »ViF« und »Feinschmecker« standen nicht nach. Auch sie feierten die Leistungen des Hauses mit den besten Auszeichnungen.

Die Fans kamen aber nicht nur aus Europa. Im Jahr 1995 hielt es ein Reporter der »New York Times« für angebracht, die Restaurants ausführlich zu beschreiben und zu rühmen. Auch die »Herald Tribune« lobte in einem großen Artikel die Leistungen Otto Kochs, dem sie ein gutes Händchen bei der Zubereitung kreativer, moderner Kost auf regionaler Basis bescheinigte. Im selben Jahr wurde das »Le Gourmet« vom »American Business Traveller« als einziges typisch deutsches First Class Lokal zu den weltweit 20 besten Restaurants gewählt.

Für Otto Koch war es keine Frage: Das Ensemble der drei Restaurants, der Weinkeller – das alles zusammen empfand er als große, höchst interessante Herausforderung, der er sich mit großem Engagement stellte. Jetzt ging es darum, die Küche noch mehr zu verfeinern. Ihm war aber besonders daran gelegen, eine unverwechselbare Handschrift zu zeigen und sein Bekenntnis zu einer von regionalen Einflüssen geprägten Küchenphilosophie zu erneuern. Es war die Zeit, in der Otto Kochs Klassiker zu den Spitzengerichten auf der Speisekarte wurden.

Dazu gehörten zum Beispiel die Weißwürste mit Meeresfrüchten. Als Otto Koch sie zum ersten Mal auf die Karte setzte, empfanden das die Fundamentalisten weiß-blauer Eßgewohnheiten als eine Art Kulturschock. Wie konnte es einer wagen, im Schatten der Frauenkirche so frech an den Grundfesten bajuwarischer Traditionen zu rütteln? Der geballte Spott der Loden-Mafia ergoß sich über diese witzige Kreation. In die Weißwurst gehören Kalbsbrät, Schweinespeck, Schwarten und nichts anderes – so verkündeten die Propheten der reinen Lehre.

Verdrängt wurde bei diesen Diskussionen, daß die klassische Münchner Weißwurst ihre Entstehung eigentlich einem Betriebsunfall verdankt. Es war im Jahr 1857, als dem Gastwirt und Metzger Josef Moser in seiner Wirtschaft »Zum ewigen Licht« am Marienplatz die dicken Bratwurstdärme ausgegangen waren. Also spritzte er die vorbereitete Füllmasse in dünnere Därme. Diese Würste waren zum Braten freilich ungeeignet, deshalb warf er sie in den Sudkessel. Das Münchner Schmankerl war sozusagen eine Notgeburt, eine Verlegenheitslösung. Warum also so tun, als sei ihre Zubereitungsart ein ehernes Grundgesetz, dessen Einhaltung bis hin zum Bundesverfassungsgericht verteidigt werden müßte?

Wie läßt sich Weißwurst variieren? Wie kann man ihr eine ganz andere Geschmacksrichtung geben, sie in eine verblüffend neue Delikatesse verwandeln? Diese Frage ließ den Urmünchner Otto Koch nicht ruhen. Lange experimentierte er herum, bis er schließlich beschloß, nach höchst eigenwilligen Lösungen zu suchen: »Nur dann schafft man es, bewährten Grundprodukten einen neuen überraschenden Geschmack abzugewinnen.« Verbissenheit ist keine gute Voraussetzung am Herd, bremst jede Phantasie und macht wenig Hoffnung auf kulinarischen Lustgewinn. Verbissenheit ist der Erzfeind jeder guten Küche. Glücksgefühle beim Essen stellen sich erst dann ein, wenn der Koch bereit ist, bei der Zubereitung Hingabe zu investieren und auch genügend Phantasie und Mut aufbringt, etwas zu wagen.

»Die Bereitschaft zur Veränderung und Verbesserung heißt, neben einem enormen Arbeitseinsatz auch ein Risiko einzugehen«, lautet einer von Otto Kochs Grundsätzen. Lieber einmal bei einem Experiment scheitern, als im faden Einerlei konzeptions- und ideenlos vor sich hinzuwursteln. Ernsthaft gescheitert ist Otto Koch jedoch noch nie. Dazu ist er ein viel zu ausgefuchster Profi, zu sehr Realist, der selbst bei kreativen Höhenflügen niemals auf solide Bodenhaftung verzichtet. Deshalb wird in seiner Küche oft monatelang getestet, immer neu komponiert, immer wieder etwas anders gewürzt, herumprobiert, deshalb werden ständig neue Kombinationen von verschiedenen Lebensmitteln versucht. Es ist nicht viel anders als beim Automobilbau oder in der Pharmaindustrie – erst nach einer gründlichen Testphase wird ein neu entwickeltes Gericht auf die Speisekarte gesetzt und den Gästen serviert.

Bei einer dieser vielen Testreihen fand Otto Koch einen Weg, wie man dem Semmelknödel, auch er ein unverzichtbares altbayerisches Grundnahrungsmittel, einen ganz neuen Geschmack abgewinnen kann. Bei der üblichen Zubereitungsart liegen die Knödel wie Wasserleichen im Kochwasser und verlieren dadurch an Geschmack und Nähr-

Der Meister präsentiert der Öffentlichkeit 1991 im »Schwarzwälder« seine neue Kreation »Auszogne Weißwurst mit Wirsing und Senfsauce«.

stoffen. Aus der Sicht eines Küchenprofis muß das Mitleidsgefühle auslösen. Doch dann kam der rettende Einfall. Die zu Kugeln geformten Semmelknödel werden in einer gebutterten Form in ein Wasserbad gegeben und langsam gegart. Das verblüffende Ergebnis: Die Knödel bleiben locker, halten trotzdem ihre Konsistenz und verlieren nicht an Geschmack.

Nach diesem geglückten Experiment wurde dieses Verfahren in leicht abgewandelter Form auf die Zubereitung von Leberknödeln angewandt. Dabei wurde die Knödelmasse in ein Schweinenetz gewickelt und in Butter gebraten. Der Effekt wiederholte sich. Die Knödel blieben locker und schmeckten wesentlich intensiver, als wenn sie im kochenden Wasser den Geschmackstod durch Ertrinken erlitten hätten.

Und weil diese Methode sich so bewährt hatte, wendete sich Otto Koch von der konventionellen Spargel-Zubereitung ab. Denn schon immer hatte ihn geärgert, daß dieses königliche Gemüse beim Kochen im Salzwasser viel von seinem Aroma und seinen Vitaminen verlor. Eigentlich eine kulinarische Todsünde, ein grober Verstoß gegen den Grundsatz, möglichst viel von den Nährstoffen und dem Eigengeschmack eines Produkts zu erhalten. Also ging Otto Koch dazu über, den geschälten Spargel in Stücke zu schneiden und in einer Pfanne in Öl oder Butter so lange zu braten, bis er weich ist. Das Luxusgemüse behält sein wundervolles Aroma, verliert keine Vitamine ans Wasser und schmeckt ungleich intensiver.

Doch bei allem Engagement, bei noch soviel Sorgfalt und Perfektionsdrang – irgendwann geht selbst in einem Spitzenrestaurant einmal etwas furchtbar daneben. Dies mußte Koch erfahren, als nach einigen Jahren selbstgewählter Pause ein in München lebender Konsul, bei allen Restaurants der obersten Kategorie wegen seines unbestechlichen Sinns für Qualität und perfekte Raffinesse geachtet und gefürchtet zugleich, mal wieder ins »Le Gourmet« kam. Sofort wurden Küchenchef und das ganze Personal in erhöhte Alarmbereitschaft versetzt. Nichts durfte schiefgehen, jede Speise mußte penibel überprüft werden, ehe sie auf den Tisch kam. Das Restaurant hatte wegen einer früheren Panne wieder etwas gutzumachen. Otto Koch kontrollierte selbst jeden Teller, schmeckte noch einmal ab.

Doch dann die Katastrophe. Zwei Minuten nachdem das Hauptgericht serviert worden war, kam der Teller zurück in die Küche. Den Köchen stockte der Atem. Im Fleisch schillerte es grünlich – ein Käfer hatte es sich in dem Gericht gemütlich gemacht. Der Untermieter war trotz exakter Kontrolle allen entgangen.

Otto Koch erinnert sich: »Ich war natürlich fix und fertig. Da hört der Spaß einfach auf. Das war mehr als peinlich.« Der Restaurantchef dachte in diesem Augenblick nur noch an seinen berühmten Pariser Kollegen Vatel. Der hatte sich ins Schwert gestürzt, als ihm ein Gericht gründlich mißlungen war.

Nach höllischen Schreckminuten nahm Otto Koch schließlich seinen ganzen Mut zusammen und begab sich mit schlotternden Knien an den Tisch des prominenten Gastes. Nur hilflos stammelnd brachte er seine Entschuldigung über die Lippen. Doch, o Wunder, der Konsul nahm die Panne von der komischen Seite. Souverän lächelnd merkte er maliziös an: »Ach, nehmen Sie das Ganze nicht so tragisch. Ich habe mir gerade vorgestellt, ich wäre bei Gerd Käfer gewesen und ein kleiner Koch wäre über den Teller gekrabbelt.« Der Konsul gehörte ab sofort wieder zu den Stammgästen des Hauses.

Vielleicht war es die Rache des Schicksals, was ein paar Tage später passierte. Ein gutaussehender und sehr seriös wirkender Vietnamese ließ sich am frühen Abend an einem Tisch im Bistro nieder, tafelte fürstlich und sprach kräftig dem Wein zu. Um ein Uhr nachts wurde dem Gast die Rechnung präsentiert. Höflich, aber direkt erklärte der Feinschmecker: »Vielen Dank, es war alles ganz ausgezeichnet. Doch zahlen kann ich leider nicht, ich habe keinen Pfennig in der Tasche.« Wenig später stellte sich heraus, daß der seltsame Gast erst am Nachmittag sein Pensionszimmer im Polizeipräsidium verlassen hatte, wo er in Untersuchungshaft war. Polizeibeamte begleiteten ihn nach dem letzten Schluck Wein sofort wieder in die Zelle.

Otto Koch tröstete sich über die verlorene Zeche mit einem Gericht hinweg, das er zusammen mit seinem Freund Roland Mary vom Restaurant »Borchardt« in Berlin zu vorgerückter Stunde erfunden hatte: Er tauchte Weißbrot in Champagner und schlürfte dazu ein paar Austern mit Essigschalotten.

Auch der Knödel ist eine Delikatesse

Wie entsteht Genialität? Keiner weiß es genau. Wahrscheinlich läßt sich die Frage auch nie genau beantworten. Doch eines hat sich inzwischen herumgesprochen und gilt als wissenschaftlich gesichert: Der geniale Funke allein genügt nicht. Harte Arbeit wird immer die Grundvoraussetzung für große Leistung bleiben. Die wirklich Erfolgreichen waren meist besessen von der Arbeit, verfolgten zwanghaft die Ideen, denen sie sich einmal verschrieben, ließen nicht locker bei der Umsetzung ihrer Vorstellungen und waren bereit, mit engagierter Zähigkeit gegen alle Widerstände anzukämpfen, die sich ihnen in den Weg stellten. Gerade bei Köchen ist es so: Je ausgeprägter die Besessenheit, um so höher ihr Lustgewinn. Und davon profitieren die Gäste, die sich an ihre Tische setzen.

Otto Koch gehört zu der Sorte Mensch, die bewundernswert zielstrebig und mit energischer Konsequenz einen einmal gefaßten Entschluß in die Tat umsetzt. Er hatte sich fest vorgenommen, durch unermüdlichen Einsatz am Herd nachzuweisen, daß man der bayerischen Küche ein großes Unrecht zufügt, wenn man ihr in einem stumpfsinnigen Rundumschlag Einfallsreichtum und Qualität abspricht.

Natürlich ärgert sich jeder Gast, der mit einem Schweinebraten Bekanntschaft macht, der zum dritten Mal aufgewärmt wurde, und – Gipfel des Elends – dazu auch noch einen laschen Salat serviert bekommt, der im besten Fall nur nach Essig und Wasser schmeckt. Der letzte Vitaminrest des Grünzeugs wurde durch falsche Behandlung schon längst zur Flucht gezwungen.

Natürlich weigert sich jeder, der sich für einen Feinschmecker hält, eine verkochte Forelle oder einen fad schmeckenden Lappen von Tellerfleisch als ein Schmankerl zu akzeptieren. Doch bei all diesen im Grunde unverzeihlichen Pannen, Schlampereien und Lieblosigkeiten, ja kulinarischen Todsünden, die zweifellos alle vorkommen, wäre es völlig abwegig, die bayerische Küche pauschal mit dem Etikett »deftig und phantasiearm« abzutun und sie mit immerwährender Verachtung zu strafen.

Wenn man von einigen exzellenten Ausnahmen absieht, haben sich vor allem die der ländlichen Tradition verhafteten Köche der Alpenregion nur höchst selten an den Einfällen und Erfindungen der großen französischen Restaurants orientiert. Auf bayerischen Speisekarten findet sich eigentlich nur noch ein Gericht, das vage daran erinnert, daß gallische Rezepte gelegentlich auch Bayern erreichten. Es ist das »Boeuf à la mode«. Der Einfachheit halber wurde sein Name für den süddeutschen Sprachgebrauch verballhornt. »Böfflamott« heißt das Gericht im Schatten von Zugspitze, Walhalla und Frauenkirche. Niemand kann leugnen, daß die bayerische Variante des geschmorten Rindfleischs, wenn richtig zubereitet, durchaus zu den Glücksfällen im Repertoire der Alpenküche gerechnet werden kann.

Zu den Symbolen der Bayern gehört der Knödel. Seine rundliche Form findet sich sogar leicht abgewandelt in der bayerischen Architektur wieder. Die vorwitzigen Zwiebeltürme, die Zierde von vielen Barockkirchen, erinnern rein optisch immer wieder an das Grundnahrungsmittel im Lande. Daraus hat sich schon mancher Karikaturist einen Spaß gemacht. Wie der Knödel, dieser im Prinzip einfache Sattmacher, zu einer Delikatesse veredelt werden kann, beweist Otto Koch mit einem seiner Lieblingsrezepte, das als eine Art Hommage an die Eßgewohnheiten der Bayern verstanden werden muß.

Das Rezept orientiert sich zunächst einmal an dem in Tausenden von Wirtshäusern erprobten Verfahren – und doch kommt ein kleiner Kick hinzu, der der Speise einen überraschenden Pfiff gibt: Der Knödel wird wie ein Soufflé im Wasserbad behandelt und kurz vor dem Servieren mit einer raffiniert abgeschmeckten Steinpilzsauce überzogen. So wird aus dem bäuerlich derben, mehligen Rundling plötzlich eine delikate Köstlichkeit. Es sind keine Zaubertricks, die den Knödel in den Rang einer bestaunenswerten Spezialität erheben. Es ist die Phantasie eines einfallsreichen Kochs, die dem Deftigen alles Stumpfsinnige ausgetrieben hat.

Das Zwerchfell vom Rind, das Kronfleisch, galt lange Zeit als Armeleuteessen, das bekennende Steak-Fanatiker höchstens zu skeptischem Stirnrunzeln veranlaßte und im Grunde mit tiefster Verachtung bestraft wurde. Daß dieses besonders zarte Fleisch aus der Innenseite des Rinderrückens jedoch zu einem herrlichen Gericht verarbeitet werden kann, zeigt Otto Koch. Zusammen mit Karotten, Sellerie, Lauch, Zwiebeln und Petersilienwurzeln langsam gekocht, sowie mit einer gewissen Raffinesse gewürzt, wird das Kronfleisch zu einer Speise, die sich auch ausgefuchste Gourmets respektvoll auf der Zunge zergehen lassen. Zwerchfell ist alles andere als eine kulinarische Lachnummer.

In einer Zeit, in der die schnelle Küche als besonders schick gilt und das Kurzgebratene als Höhepunkt des Schlemmervergnügens schlechthin, wirkt ein Koch, der sich viel Zeit läßt, schon fast wie ein exotischer Außenseiter. Denn nur noch wenige Köche bringen die Geduld auf, sich stundenlang für ein Gericht am Herd aufzuhalten. Diese Sonderlinge wollen so gar nicht in die flotte Welt der perfekt durchorganisierten System-Gastronomie passen, bei der Tempo fast alles ist.

Leicht vergessen wird dabei, daß ein Rind nicht nur aus Filet besteht. Alle anderen Stücke werden oft in purer Ahnungslosigkeit für minderwertig erklärt. Wer so denkt, sitzt einem bedauernswerten Irrtum auf und läßt sich ganz besondere Eßvergnügen entgehen, tappt blind durch die Paradiese, die altbayerische Küchen durchaus zu bieten vermögen.

Sicher, ein Steak kann wunderbar schmecken. Aber Kenner wissen längst, daß ein geschmorter Ochsenschwanz beispielsweise süchtig machen kann. Es ist zwar ein Gerücht, daß das Muskelfleisch vom hintersten Ende eines Rindviechs einen stärkenden Einfluß auf die Potenz des Menschen hat, eine genußsteigernde Wirkung hat es aber in jedem Fall. Auch der Ochsenschwanz gehört zu den Klassikern im Repertoire Otto Kochs. Er füllt ihn mit einem Gemisch aus Kalbsbrät, altbackenen zerkleinerten Semmeln, Sahne und Olivenöl, schmort ihn ganz langsam und rundet das Ganze am Schluß mit einer prächtigen Gemüsesauce. Schon mancher Profi-Tester, der sich selbstaufopfernd bei der Recherche durch die internationale Küche gearbeitet hat, verdrehte glücklich die Augen, als er dieses bayerische Schmankerl der Extraklasse genoß.

Und wer kennt ihn nicht, den Steckerlfisch, eines der Grundnahrungsmittel im Biergarten und auf dem Münchner Oktoberfest? Über Holzkohlenfeuer braten sie traurig vor sich hin, die Makrelen – und verlieren üblicherweise so gut wie jeden Reiz. Durchgeglüht, aber dafür geschmacksneutral auf Pappteller gerettet oder in Papier gehüllt, werden sie dem sofortigen Verzehr anheimgegeben.

Es geht natürlich auch anders. Otto Koch nimmt für seine Variante vom bayerischen Schmankerl Steckerlfisch Sardinen. Die sind auch fett genug, um zu sättigen. Aber sie schmecken wesentlich delikater als ihre größeren Brüder aus den Weltmeeren, wenn man sie sorgfältig behandelt. Zum Beispiel dann, wenn man sie in der Pfanne brät und mit einer Sauce aus Eigelb, Sonnenblumenöl, Senf und Zitrone überzieht. Dann wird aus Deftigem Delikates.

Gaumentratzerln sind keine Gerichte zum Sattessen, sie regen den Appetit an, sind kleine Köstlichkeiten, die Lust auf mehr machen und die Magensäfte so richtig in Stimmung bringen. Zu ihnen gehört das gratinierte Rindermark – eine Speise, die dank der Phantasie Otto Kochs in die Liga der außergewöhnlichen Schmankerln aufgestiegen ist. Kenner wissen das Mark schon lange zu schätzen. Es kommt aber üblicherweise nur dann auf den Tisch eines Wirtshauses, wenn man den Chef besonders gut kennt. Bei Koch wurde es zum eigenständigen Gericht. 48 Stunden lang wird das vorsichtig aus dem Knochen gelöste Mark gewässert und dann in kleine Scheiben geschnitten. Zusammen mit Kartoffelbrei im Ofen erwärmt, breitet das Gericht ein sensationelles Aroma aus. Ein auf diese Art zubereitetes Knochenmark ist die alpine Antwort auf die Austern der Bretagne.

Je länger Otto Koch den wahren Geheimnissen der bayerischen Küche nachspürte, um so mehr kam er zu der Einsicht: Wenn man die Grundgesetze der süddeutschen Küchentradition ernst nimmt und ambitioniert weiterentwickelt, kennt der Feinschmecker-Himmel nach oben keine Grenzen mehr. Es lohnt sich in jedem Fall, die Stärken der regionalen Feinheiten lustvollen Genießens wiederzubeleben. Regionale Küche heißt nicht provinzielle Küche. Jeder deutsche Landstrich hat seine Spezialitäten entwickelt. Auch Bayern hat allen Anlaß, stolz auf seine Schmankerln zu sein – auf Steckerlfisch und Schweinebacken, auf Schwammerlstrudel und gespickte Ochsenbrust.

Für einen phantasiebegabten Koch gibt es glücklicherweise kein Gesetz, das ihm den Blick über den heimischen Tellerrand verbietet. Warum soll man beispielsweise bajuwarische Rezepte nicht einmal mit asiatischen Einfällen aufpeppen? Frühlingsrollen gibt es in jedem chinesischen Restaurant. Otto Koch, als polyglotter Bayer, hat sie für seine Küche entdeckt. Der Witz dieser Vorspeise ist bei Koch, daß er die Frühlingsrollen mit Blut- und Leberwurst füllt.

Am Bewährten festhalten, dabei immer auf der Stelle treten und nichts riskieren – das ist für das Temperament Otto Kochs eben eine unzumutbare Einstellung. Der Neugier immer neue Nahrung geben, die Lust auf das Experiment pflegen – das schmeckt dem bayerischen Küchenkünstler wesentlich besser. Von der Vorspeise bis zum Dessert – alles wird ständig daraufhin überprüft, ob es sich nicht abwandeln, weiterentwickeln oder steigern läßt. Dabei kommen dann oft ebenso witzige wie verblüffende neue Kreationen heraus wie die »B'soffnen Jungfern«, eine Nachspeise, bei denen schon viele Gäste vor Entzücken die Augen verdrehten.

Der kreative Schock

Wer die Kochkunst ernst nimmt, muß es sich auch leisten, gelegentlich zu schockieren. Das hat Otto Koch mit seinen Weißwürsten aus Meeresfrüchten gemacht, aber es gibt noch ein anderes Gericht, mit dem er es geschafft hat, aus den hochgestochenen Regeln der feinen Lehre radikal auszubrechen. Wieder einmal erregte er großes Aufsehen, das auf der nach oben offenen Richterskala des kulinarischen Entsetzens ein mittelschweres Erdbeben auslöste. Was hat Kaffee mit Fleisch zu tun? Auf den ersten Blick herzlich wenig. Es galt als völlig abwegig, Kaffee in der Küche als Gewürz einzusetzen. Doch Otto Koch riskierte es – bei Medaillons vom Lammrücken: Grob zerstoßene Kaffeebohnen werden mit Weißbrot vermischt und zum Bestandteil einer Panade, in der die Medaillons gebraten werden. Und dann wird auch der Sauce neben Rotwein und Orangensaft noch Kaffee beigegeben. Eine kühne Kombination. Doch Otto Koch hält an diesem Rezept fest, weil er glaubt, daß sich der Geschmack von Lammfleisch und Kaffee nicht nur hervorragend verträgt, sondern sich ihre Aromen im Zusammenspiel in exzellenter Weise gegenseitig steigern. Was dabei herauskommt, ist ein »kreatives Schockerlebnis«, wie Otto Koch das Ergebnis seines Experiments nennt.

Natürlich ist die auf den ersten Blick freche Kombination von Kaffee und Fleisch auch optisch verblüffend. Aber genau dies ist ja auch einer der Effekte, auf die Otto Koch abzielt. »Eine gute Küche muß alle Sinne animieren. Es sind ja nicht nur die Geschmacksnerven, die bei einem Essen angesprochen werden. Die ganz bestimmte Art, wie sich die Gerichte auf dem Teller präsentieren, spielt eine ebenso wichtige Rolle. Es ist doch keine Platitüde, wenn immer wieder behauptet wird: Die Augen essen mit. Es ist so! Gerade von der optischen Präsentation hängt doch so vieles ab. Sie entscheidet mit darüber, ob eine Speise zum Erfolg wird.

Otto Koch gehört zu den Philosophen am Herd. Er ist ein Nachdenklicher. Er gehört nicht zur Gruppe der Sonnyboys unter den Küchenstars, nicht zu denen, die groß auftrumpfen. »Man muß die Tiefe verstecken. Wo? An der Oberfläche.« So heißt eine der tiefsinnigsten Lebensweisheiten des Dichters Hugo von Hofmannsthal. Otto Koch hält sich daran. Er versteckt seinen Hang zum Grübeln und Sinnieren hinter der wie selbstverständlich wirkenden geschmeidigen Eleganz seines Auftretens.

Wenn er als Küchenchef am Abend seine Runde durch ein Restaurant macht, ist er zwar mit seiner imposanten Körpergröße von 1.85 Meter kaum zu übersehen. Doch auftrumpfende Wichtigtuerei ist ihm fremd. Seine Kochmütze trägt er zwar selbstbewußt, aber niemals wie die einschüchternde Krone eines bayerisch-barocken Fürsten, der vor Selbstbewußtsein strotzt. Selbstzweifel sind dem mit vielen wichtigen Auszeichnungen geehrten Profi der Gourmandise keineswegs fremd. Er weiß davon, wie tödlich es für jede Art von Kreativität sein kann, sich auf Lorbeeren auszuruhen. Otto Koch sonnt sich höchst ungern in eigenem Glanz. Viel lieber gibt er seiner Neugierde nach, die immer Neues entdecken will.

Neugierig machte ihn auch Robinson, ein Unternehmen, das weltweit 25 Clubs betreibt und zu dessen Zielen es gehört, eine ganz andere Art Ferienstimmung zu verbreiten – eben ein Urlaubsgefühl, das nicht in fader Freizeitroutine erstickt. In jedem dieser Clubs, die sich ganz an den kulturellen Traditionen und der Lebensweise des jeweiligen Gastlandes orientieren, hat das Essen einen besonderen Stellenwert. Es dient nicht nur dem Genuß, es wird auch zum kulturhistorischen Exkurs in andere, für den Europäer gelegentlich auch fremde Erlebniszonen. Otto Koch heuerte bei dem renommierten Touristik-Unternehmen an und ist heute der kulinarische Berater und Gourmetchef der Robinson-Clubs.

Otto Koch mit Christiane Herzog, Inge Meysel und Alfred Biolek in der ARD-Sendung »Zu Gast bei Christiane Herzog«.

Einmal davon abgesehen, daß es ihn stark gereizt hat, Management-Erfahrungen in einem Unternehmen zu sammeln, das Stützpunkte rund um den Globus unterhält, findet es Otto Koch außerordentlich anregend, die große Vielfalt der Küchen der Welt ganz genau kennenzulernen. Er blickt in die Töpfe der Türkei und Griechenlands, er weiß inzwischen, wie Mexikaner mit Fleisch und Gemüse umgehen, er studiert die facettenreiche asiatische Küche genauso akribisch wie die Spezialitäten der nordafrikanischen Nomaden.

Als sich Otto Koch aus der eigenen Küche in Richtung Robinson verabschiedete, karikierte ihn sein Freund Dieter Hanitzsch.

Was wäre ein Spitzenkoch ohne ausgeprägte Liebe zum Wein? Trotz seiner inzwischen weltweiten Aktivitäten findet Otto Koch noch immer die Zeit, zusammen mit seiner Frau Laureen einen exquisiten Weinkeller zu pflegen, in dem 50 000 Flaschen lagern. Der »Otto Koch Weinclub« bietet einem immer größeren Kreis von Liebhabern eine perfekt zusammengestellte Auswahl von Produkten der besten Winzer an. Wobei es zum Ehrgeiz des Clubs gehört, immer wieder auf Entdeckungsreise zu außergewöhnlichen Kellereien zu gehen, um Raritäten ausfindig zu machen.

Längst hat auch das Fernsehen Otto Koch entdeckt. In der ARD-Serie »Zu Gast bei Christiane Herzog« stand er neben der Frau des Bundespräsidenten am Herd. Jeden Freitag präsentiert er in der Sendung »ARD-Buffet« ein Rezept.

Mit großem Engagement setzt sich Otto Koch für biologisch einwandfreie Produkte ein und fördert deren Anbau. Er tut dies als Bekenntnis zum Schutz der Umwelt, er tut dies aber auch deshalb, weil er ein Anhänger eines unverfälschten Geschmacks ist. Noch ehe es Mode wurde, kaufte der Sterne-Koch bei Bauern ein, die ökologischen Anbau garantierten – aus Liebe zu einer bayerischen Küche, die seinen Ansprüchen genügt.

»Nur wer gerne gut ißt, kann auch gut kochen«, sagt Otto Koch gern im Kreise seiner Freunde. Und das gute Kochen beginnt bei ihm noch allemal bei der Qualität der Grundprodukte. Aus einem teuren, aber unnatürlich gemästeten Stück Kalbfleisch kann selbst der beste Koch kein Spitzengericht zaubern. Aber ein unbehandelter Radi kann zur Basis einer Götterspeise werden – meinte Otto Koch bereits, ehe er erfolgreich nach den Sternen am Gourmet-Himmel griff. Von dieser Überzeugung hat er bis heute nicht abgelassen.

Zum Aperitif

Leberkrapferl

Für 12–20 kleine Krapfen

200–300 g feine Leberpastete
200 ml heller Kalbsfond (siehe S. 117)

Für den Teig:

300 g Mehl
150 ml Milch
20 g Hefe
70 g Butter
10 g Zucker
1 Prise Salz
1 Ei

Die Hefe in der lauwarmen Milch auflösen. Die Hälfte des Mehls in eine Schüssel sieben und in der Mitte eine Vertiefung machen. Milch und Hefe dort hineingeben und etwas Mehl daruntermischen, bis sich ein weicher Teig gebildet hat. Etwas vom Mehl über diesen Vorteig stäuben, mit einem Tuch abdecken und aufgehen lassen.

Dann das restliche Mehl, Zucker, Salz und Ei unter den Vorteig mischen. Mit der Hand kräftig mischen (schlagen), bis der Teig Blasen wirft. Die Butter zerlassen, dazugeben und den Teig nochmal schlagen, bis sich der Teig von der Hand löst. Der Teig muß weich, aber nicht zu weich sein, notfalls Mehl oder Wasser zugeben. Den Teig mit Mehl bestäuben und abdecken und wieder gehen lassen.

Den Teig etwa 1 Zentimeter dick ausrollen. Kreise von 3–4 Zentimeter Durchmesser ausstechen und auf einem bestäubten Tuch auslegen. Mit einem zweiten bestäubten Tuch abdecken und auf die doppelte Höhe gehen lassen.

Die Teigscheiben in einer Friteuse bei mittlerer Hitze von beiden Seiten ausbacken. Abtropfen und abkühlen lassen.

Die Leberpastete erwärmen, damit sie nicht mehr hart ist, und mit einem Spritzsack in die Krapfen spritzen.

Die Krapfen mit dem eingekochten Kalbsfond bepinseln und abkühlen lassen.

Anmerkung: Diese Leberkrapferl eignen sich sehr gut zum Aperitif.

Der Hefeteig ist zwar mit einiger Arbeit und Erfahrung verbunden, aber dafür bekommt man auch etwas Besonderes.

Tip: Nicht zu lange vorher, aber auch nicht im letzten Moment zubereiten.

Am Vormittag für den Abend. Sonst sind sie entweder nicht mehr weich genug, oder die Glasur ist noch nicht fest genug. Man kann die Krapferl auch einfrieren.

Mini-Steckerlfisch mit Schnittlauchsauce

Für 4 Personen

20 frische Sardinen
20 Holzspieße
Mehl
Zitronensaft
Salz, Pfeffer
Butter
4 Salatblätter

Für die Sauce:

2 Eigelb
1 TL mittelscharfer Senf
100 ml Sonnenblumenöl
3 EL Schnittlauch, fein geschnitten
1 Knoblauchzehe, zerdrückt
Zitronensaft
Salz, Pfeffer

Für die Sauce Eigelb und Senf vermischen. Mit dem Schneebesen langsam das Öl unter die Eigelb-Senf-Mischung rühren. Mit Salz, Pfeffer und Zitronensaft abschmecken. Zum Schluß den Schnittlauch und nach Geschmack den Knoblauch unterrühren.

Die Sardinen am Rücken halten und mit der anderen Hand den Kopf samt der Rückengräte ablösen, so daß die beiden Filets noch an einer Seite miteinander verbunden sind.

Die Filets mit Salz, Pfeffer und Zitronensaft abschmecken und in Mehl wenden. Zwischen die Filets einen Holzspieß legen und die Fischhälften wieder zusammenklappen. Den Kopf von der Rückengräte abtrennen und auf den Spieß stecken. In Butter goldgelb braten.

Jeweils 5 Sardinenspieße und die Sauce auf einem Salatblatt anrichten.

Leberkäse mit Wachtelspiegelei

Für 8 Personen

8 Scheiben feiner Leberkäse, 6 x 6 cm und etwa 1/2 cm dick
8 Wachteleier
8 EL Rahmspinat
Butter

Den Leberkäse von beiden Seiten anbraten, bis er etwas Farbe angenommen hat.

Die Wachteleier in einer Teflonpfanne mit Butter sachte braten und mit einem kleinen Ausstecher jedes Ei ausstechen, so daß die unansehnlichen Ränder entfernt werden.

Die Spiegeleier auf die gebratenen Leberkäsescheiben geben und mit dem heißen Rahmspinat auf kleinen Tellern anrichten.

Dazu paßt eine Miniportion Kartoffelpüree oder Kartoffelsalat.

Getränkeempfehlung: Ein Weißbier im Champagnerglas.

Anmerkung: Dieses einfache Gericht kommt auch immer wieder bei Feinschmeckern gut an oder veranlaßt sie mindestens zu einem Schmunzeln.

Die Edelversion wird mit einer Scheibe gebratener Gänseleber gemacht, wenn gerade kein Leberkäse zur Hand ist!

Lachs-Tatar auf gegrilltem Brot

Für 4 Personen

250 g Lachsfilet
30 g Schalotten, fein gehackt
1 TL glatte Petersilie, gehackt
1 TL Schnittlauch, fein geschnitten
1 TL Kapern, fein gehackt
1 TL Cornichons, fein gehackt
1 TL Olivenöl
einige Spritzer Zitronensaft
Salz, Pfeffer
4 Scheiben luftiges Graubrot

Das Lachsfilet mit einem großen Messer nicht zu fein hacken. Die übrigen Zutaten daruntermischen. Mit Salz, Pfeffer und Zitronensaft abschmecken.

Die Brotscheiben grillen oder toasten. Mit dem Lachstatar bestreichen und mit einigen Schalottenscheiben und Kapern garnieren.

Gebackene Leberknödel auf Radieserlsalat

Für 4 Personen

200 g Kalbs- oder Lammleber
4 Brötchen vom Vortag
1/8 l Milch
100 g Schalotten, fein gehackt
Knoblauch nach Geschmack, fein geschnitten
Butter
2 Eiklar von kleinen Eiern
2–3 Majoranzweige, gehackt
1 EL glatte Petersilie, gehackt
Salz, Pfeffer
200 g Schweinenetz (vom Metzger)
Schnittlauch, fein geschnitten

Für den Salat:

600 g große Radieschen
Sherryessig, Olivenöl
Salz, Pfeffer

Die Brötchen in Würfel schneiden und in der Milch einweichen. Die Schalotten und den Knoblauch in Butter anschwitzen und mit der durch den Fleischwolf gedrehten Leber vermengen. Die eingeweichten Brötchen, das geschlagene Eiklar und die Kräuter dazugeben, zu einem lockeren Teig mischen und abschmecken. Knödel formen und jeden in Schweinenetz einwickeln. Eine Bratform mit Butter einfetten, die Knödel hineinlegen und im 220 Grad heißen Ofen etwa 20 Minuten backen.

Die Radieschen in feine Streifen schneiden. Essig und Öl verrühren und damit die Radieschen marinieren. Salzen und pfeffern. In der Pfanne kurz anschwenken. (Bei zu starker Hitze verlieren die Radieschen ihre Farbe und die frische Schärfe.)

Die gebackenen Knödel auf dem warmen Salat anrichten und mit Schnittlauch garnieren.

Wachtelkirschen

Für 8 Personen

16 Wachtelkeulen
Salz, Pfeffer
300 ml brauner Kalbsfond (siehe S. 117)
16 Weißbrotringe, aus Toastbrotscheiben ausgestochen, Durchmesser außen 5 cm, innen 2 cm
Butter
evtl. Minzeblätter

Mit einem kleinen, spitzen Küchenmesser die Oberschenkelknochen aus den Wachtelkeulen vorsichtig auslösen. In der Mitte des Unterschenkels einen Schnitt rund um den Knochen machen, den unteren Teil mit dem Messer wegdrücken bzw. -schneiden, den ausgelösten Teil der Keule nach oben klappen und das Fleisch so weit wie möglich nach unten ziehen. Dabei kommt der Unterschenkelknochen ganz zum Vorschein, er ist der »Stiel« der Wachtelkirsche.

Die zu »Kirschen« geformten Keulen auf 10 x 10 Zentimeter große Alufolienstücke legen, salzen und pfeffern und einrollen. Die Enden der Folie fest zusammendrehen, damit die »Kirschen« beim Kochen ihre Form behalten. In leicht siedendem Wasser etwa 10 Minuten garen. Abkühlen lassen.

Den Kalbsfond um die Hälfte reduzieren. Auskühlen lassen und, kurz bevor der reduzierte Fond fest wird, die aus der Folie gewickelten Keulen kurz darin eintauchen. Auf einem Gitter kalt legen und nach 5 Minuten den Vorgang wiederholen.

Die Weißbrotringe in Butter braten, auf Tellern anrichten und auf jeden Ring eine Wachtelkirsche legen. Oder mit etwas Alufolie zwei »Kirschen« zusammenbinden und mit einem Minzeblatt als doppelte »Kirsche« anrichten.

Tip: Mit Gelee serviert, wird dieses Appetithäppchen zu einer Vorspeise.

Vorspeisen

Forellen-Tatar auf Kräutersauce

Für 4 Personen

400 g Forellenfilet
1 TL Kapern, gehackt
1 EL Schalotten, fein geschnitten
1 TL Cornichons, fein gehackt
1 TL Petersilie, fein gehackt
1 TL Schnittlauch, fein geschnitten
1 TL Olivenöl
Salz, Pfeffer
Zitronensaft
300 g Tomatenwürfel

Für die Kräutersauce:

125 g Joghurt
125 g Crème fraîche
5–6 EL Schnittlauch, fein geschnitten
1/2 EL Basilikum, fein gehackt
1 EL Petersilie, fein gehackt
Salz, Pfeffer

Das Forellenfilet mit einem scharfen Messer in feine Würfel schneiden, nicht hacken, damit das Tatar schön locker bleibt. Die Fischwürfel mit Kapern, Schalotten, Cornichons, Petersilie, Schnittlauch und Öl vorsichtig mischen. Mit Salz, Pfeffer und Zitronensaft (erst im letzten Moment, sonst wird das Tatar fest) abschmecken.

Die Zutaten für die Kräutersauce verrühren, abschmecken.

Das Tatar mit zwei Löffeln zu Klößchen formen und anrichten, mit der Kräutersauce umgießen und mit den Tomatenwürfeln und mit 1 Blatt Basilikum oder Petersilie garnieren.

Tip: Der Fisch sollte so frisch wie möglich sein und erst unmittelbar vor dem Servieren angemacht werden.

Weinempfehlung: Je nachdem, wieviel Zitronensaft man zum Tatar gibt, ein mehr oder weniger »herber« Weißwein, damit dieser mit dem Tatar harmoniert. Wenn man nicht zu sauer abgeschmeckt hat, z. B. ein Riesling, Kammerer Heiligenstein, Eichinger Allram.

Entenschinken mit Kartoffelsalat

Für 10 Personen

7–8 Barbarie-Entenbrüste, ca. 180 g pro Stück
1 Päckchen Aspikpulver oder 10 Blatt Gelatine

Für die Marinade (Pökellake):

3 l Wasser
200 g Pökelsalz
100 g Sellerie, fein gewürfelt
100 g Karotten, fein gewürfelt
100 g Lauch, in dünne Scheiben geschnitten
100 g Zwiebeln, fein gewürfelt
5 Wacholderbeeren, zerdrückt
10 schwarze Pfefferkörner, zerdrückt
3 Lorbeerblätter
3 Knoblauchzehen, zerdrückt
2 Thymianzweige
2 Rosmarinzweige

Für den Kartoffelsalat:

2 kg Bamberger Hörnchen oder andere kleine, festkochende Kartoffeln
100 ml heller Geflügelfond (siehe S. 117)
6–7 Schalotten, fein gehackt
Kräuteressig
Erdnußöl
Salz, Pfeffer
50 g mittelgroße Morcheln
40 g Butter
Schnittlauch, fein geschnitten

Für die Marinade das Wasser mit allen Zutaten kurz aufkochen und kalt werden lassen. Die Entenbrüste enthäuten und für 5 Tage in die Marinade legen.

In einer länglichen, großen Form den Boden mit einer Schicht Entenbrüste auslegen, mit Aspikpulver bestreuen (oder mit der kurz eingeweichten Gelatine belegen) und diesen Vorgang etwa 3–4 mal wiederholen, bis alle Entenbrüste eingeschichtet sind.

Darauf achten, daß Aspikpulver bzw. Gelatine gleichmäßig verteilt sind. Die Entenbrust-Schichtung mit einem passenden Brett abdecken und mit einem 1-Kilo-Gewicht beschweren. In ein Wasserbad stellen und bei 80–90 Grad 1 1/2 Stunden gar ziehen lassen. Mit dem Gewicht beschwert, im Kühlschrank über Nacht auskühlen lassen.

Frühestens am nächsten Tag den »Schinken« aus der Form nehmen und aufschneiden.

Für den Salat die Kartoffeln kochen, schälen und in Scheiben schneiden. Aus Geflügelfond, 3–4 Schalotten, Essig, Öl, Salz und Pfeffer eine Sauce rühren und damit die Kartoffelscheiben übergießen.

3 Schalotten in Butter glasig dünsten, die gewaschenen Pilze dazugeben, kurz anschwenken und unter den Kartoffelsalat mischen.

Die Entenschinken-Scheiben auf Tellern anrichten, den noch lauwarmen Kartoffelsalat dazugeben. Mit Schnittlauch garnieren.

Tip: Bei diesem Gericht ist es sehr wichtig, genügend Gelatine zwischen die Brüste zu legen, sonst bricht der fertige »Schinken« beim Schneiden auseinander.

Weinempfehlung: Ein Riesling, trocken und kräftig, z. B. Riesling Winninger Uhlen, Heymann-Löwenstein, Mosel.

Geflügelleberparfait mit Madeiragelee

Für 4 Personen

500 g Entenleber (oder Hühnerleber)
500 g Butter
einige große, dünne Scheiben grüner Speck

Für die Marinade:

3 Eier
Salz, Pfeffer
Muskat, Majoran, Thymian
Knoblauch
etwas Pökelsalz
1 Schuß Madeira
1 Schuß Cognac
1 Schuß Portwein

Für das Madeiragelee:

1/2 l kräftige klare Brühe
4–5 Blatt Gelatine
1 Schuß Madeira

Die Zutaten für die Marinade verrühren. Die Leber für 3–5 Stunden in die Marinade legen.

Die Leber durch die feinste Scheibe des Fleischwolfs drehen. Die Butter aufkochen, abschäumen und abkühlen lassen, bis sie lauwarm ist. Die Butter und die Leber durch ein feines Sieb passieren und gut verrühren. Eine Terrine mit Speckscheiben auslegen und die passierte Entenleberfarce hineingeben und mit Speck abdecken. Im Wasserbad bei 85–90 Grad etwa 1 1/2 Stunden gar ziehen lassen. Die Masse darf nicht kochen!

Für das Gelee die Brühe erwärmen und die eingeweichte Gelatine hineingeben. Die Anzahl der Blätter richtet sich nach der Brühe, die im kalten Zustand schon möglichst gelieren sollte. Mit 1 Schuß Madeira abschmecken und abkühlen lassen. Das Gelee darf auf keinen Fall zu fest sein.

Das Leberparfait über Nacht in den Kühlschrank stellen. Mit einem heißen Löffel ausstechen und auf die Teller anrichten. Mit dem Madeiragelee garnieren.

Tip: Man kann unter die Masse noch 20–80 Gramm feingehackte schwarze Trüffel heben.

Getränkeempfehlung: Ein nicht zu herber Sekt, z. B. Pinot Brut, Sektkellerei Winterling, Pfalz.

Entenleberterrine mit Dörrpflaumen

Für 10 Personen

600 g Entenleber
200 g Dörrpflaumen, nicht ganz trocken, sie sollten noch weich sein
100 ml Obstler
5 cl Madeira
5 cl Sherry
einige grüne Pfefferkörner
Pastetengewürz
Zucker
Salz, Pfeffer
10 Scheiben frischer Hefezopf
Butter

Für das Weingelee:

150 ml Beerenauslese oder japanischer Pflaumenwein
1/2 l Rinderbrühe
6–8 Blatt Gelatine

Die Entenleber häuten und entnerven und in den gemischten Alkoholika einige Stunden marinieren. Abtropfen lassen und mit Pastetengewürz, Salz, Pfeffer und Zucker würzen.

Leber, Pflaumen und Pfefferkörner gleichmäßig in einer Terrine verteilen. Fest einpressen und oben glatt drücken. Über Nacht kalt stellen. Am nächsten Tag bei 65 Grad etwa 1 1/2 Stunden garen. Mit einem Brett und einem Gewicht gleichmäßig beschweren und auskühlen lassen. Mindestens 2–3 Tage ruhenlassen.

Für das Gelee die Brühe erwärmen und die eingeweichte Gelatine hineingeben. Die Anzahl der Blätter richtet sich nach der Brühe, die in kaltem Zustand schon möglichst gelieren sollte. Den Wein dazugießen und abkühlen lassen. Das Gelee darf auf keinen Fall zu fest sein.

Die Entenleberterrine mit jeweils 1 in etwas Butter gebratener Hefezopfscheibe anrichten. Dazu das Weingelee reichen.

Weinempfehlung: Ein milder, eventuell leicht süßlicher Weißwein, z. B. Weißburgunder Beerenauslese, Vollmer, Rheinpfalz.

Anmerkung: Dieses Gericht kann auch mit Gänseleber zubereitet werden. Die Leber von Ente und Gans gehört zu den Delikatessen. Entenleber ist kleiner, kräftiger im Geschmack und preiswerter als Gänseleber. Die Entenleber hat der früher beliebteren Gänseleber inzwischen den Rang abgelaufen.

Leber ist von allen Innereien die beliebteste. Sie ist besonders eisenhaltig und enthält viele Vitamine (A, B1, B2, C und D).

Es ist überliefert, daß bereits vor 4500 Jahren die Ägypter das Mästen durch Stopfen praktizierten. Später haben auch die Römer ausgezeichnete Gänsestopflebern hervorgebracht. Nero war besonders versessen auf Stopflebern. Im 18. Jahrhundert war diese Methode in der Gascogne verbreitet. Der kulinarische Höhepunkt wurde in Straßburg erreicht, wo der Koch Close für den Marschall de Contades eine Gänseleberpastete kreierte.

Kabeljaublätter auf Salat von Bamberger Hörndln

Für 4 Personen

500 g Kabeljau ohne Haut und Gräten
2 Zitronen
Läuterzucker (Zucker und Wasser 1:1)
1 roher Artischockenboden
6 Sternanis
1 Zitronengras
Zitronensaft
Olivenöl
6 g Meersalz
Salz, Pfeffer

Für den Kartoffelsalat:

300 g Bamberger Hörnchen oder andere kleine, festkochende Kartoffeln, in der Schale gekocht, geschält und noch lauwarm in 1/2 cm dicke Scheiben geschnitten
Olivenöl
etwas Zitronensaft
etwas Estragon
Salz, Pfeffer

Für die getrockneten Tomaten:

8 Tomaten, geschält, geviertelt, entkernt
etwas Olivenöl
etwas Thymian
Salz, Pfeffer

Für die Kressesauce:

1 Bund Brunnenkresse, fein gehackt (einige Blätter aufheben als Garnitur)
250 g Mayonnaise mit Senf, Eigelb, zu gleichen Teilen Olivenöl und Erdnußöl
1/8 l Fischfond (siehe S. 118)
Salz, Pfeffer

Die geschälten Tomatenviertel mit dem Olivenöl und dem Thymian, Salz und Pfeffer auf einem Blech bei etwa 70 Grad trocknen lassen. Dieser Vorgang dauert etwa 2 1/2 Stunden.

Die Schale von den Zitronen dünn abschälen, blanchieren und in Läuterzucker weich kochen.

Den Artischockenboden in dünne Scheiben schneiden und fritieren. Warm stellen.

Aus 1 Liter Wasser, Sternanis, Zitronengras, Salz und Pfeffer einen Sud herstellen. Mit Zitronensaft abschmecken und den Kabeljau darin bei 70 Grad glasig gar ziehen lassen. Den warmen Fisch in einzelne Blätter zerpflücken, rosettenartig auf einem Teller anrichten und warm stellen.

Die Kartoffeln mit Olivenöl, Zitronensaft, Salz und Pfeffer, einem Teil der kleingeschnittenen getrockneten Tomaten und Estragon zu einem Salat anmachen. Mit Hilfe eines Metallrings den Kartoffelsalat in die Mitte der Teller plazieren und den noch warmen Kabeljau darauf anrichten.

Mit der Kressesauce umgießen und mit einem Teil der getrockneten Tomaten garnieren.

Die Zitronenschalen und die restlichen getrockneten Tomaten fein hacken und mit Olivenöl und Zitronensaft auf den Kabeljau geben. Mit Meersalz bestreuen.

Mit Kresseblättern und den fritierten Artischockenböden garnieren.

Anmerkung: Dieses Rezept hat Ulrich Behringer kreiert, der im »Le Gourmet« gelernt hat. Heute ist er Küchenchef im Hotel »Präsident Wilson« in Genf.

Tellersülze von Meeresfrüchten

Für 6 Personen

4 Scampischwänze, ausgelöst
80 g Steinbuttfilet, ohne Haut und Gräten
80 g Rotbarbenfilet, ohne Haut und Gräten
80 g Seezungenfilet (oder Lachs), ohne Haut und Gräten
50 g Miesmuscheln, gekocht und ausgelöst
1/2 l Fischfond (siehe S. 118)
30 Safranfäden
2 Eiklar
6 Blatt Gelatine

Für die Garnitur:

2 mittelgroße Tomaten
1/2 Schalotte, fein gehackt
Olivenöl
Sherryessig
Salz, Pfeffer
Basilikum, fein geschnitten

Für die Beilage:

8 Scheiben Weißbrot
Butter
1–2 Knoblauchzehen

Den Fischfond mit den Safranfäden aufkochen, 15 Minuten ziehen und abkühlen lassen. (Wenn der Fond trüb ist, klären: Die Eiklar einrühren, aufkochen und 10 Minuten ziehen lassen. Die Trübstoffe setzen sich ab und können abgeschöpft werden.) Die in kaltem Wasser aufgelöste und gut ausgedrückte Gelatine in den warmen Fond geben.

Die Fischfilets in Stücke schneiden und zusammen mit den Scampischwänzen 3–4 Minuten dämpfen. Abkühlen lassen. Den Boden von 6 Suppentellern etwa 1/2 Zentimeter hoch mit dem Gelee ausgießen und fest werden lassen. Die Meeresfrüchte darauf verteilen. Mit dem restlichen Gelee auffüllen und einige Stunden auskühlen lassen.

Die Tomaten schälen, entkernen und das Fruchtfleisch in feine Würfel schneiden. Mit feingehackter Schalotte, Öl, Essig, Salz, Pfeffer und Basilikum anmachen. In der Mitte der Teller anrichten.

Die Weißbrotscheiben in Butter braten, mit Knoblauch einreiben und zur Tellersülze servieren.

Tip: Nur so viel Gelatine nehmen, wie notwendig ist. Am besten, man macht eine Probe.

Weinempfehlung: Dieses Gericht verträgt einen kräftigen, trockenen Chardonnay, z. B. einen Chablis Ier Cru Fourchaume, La Chablisienne.

Preßsack vom Karpfen

Für 8 Personen

2 Karpfen, mindestens 2 1/2 kg je ausgenommener Fisch
1 Bund Dill
600 g kleine Austernpilze, ohne Stiele
Traubenkernöl
Salz, Pfeffer

Für das Gelee:

100 g Karotten
50 g Schalotten
100 g Sellerie
100 g Lauch
150 g Eiklar zum Klären
1 l Brühe (je nach Geschmack von Fisch, Kalb oder Geflügel)
1/2 l trockener Weißwein
12 schwarze Pfefferkörner
15 Blatt Gelatine
Salz

Für die Vinaigrette:

7 cl Olivenöl
7 cl Traubenkernöl
4 cl Aceto Balsamico
3 cl Sherryessig
Salz, Pfeffer

Für die Garnitur:

Feldsalat
rote Paprika

Für das Gelee die Gemüse durch die grobe Scheibe des Fleischwolfs drehen und mit dem Eiklar gut verrühren. Die Brühe mit dem Weißwein aufsetzen, die Pfefferkörner und die Eiklar-Gemüse-Mischung dazugeben. Unter Rühren schnell aufkochen. Nicht mehr rühren und die Hitze so weit reduzieren, daß die Flüssigkeit nicht mehr kocht. 30 Minuten ziehen lassen. Vorsichtig durch ein feines Tuch passieren und die in kaltem Wasser eingeweichte, gut ausgedrückte Gelatine zugeben. Mit Salz abschmecken.

Die Gelatine-Menge richtet sich nach der Bindefähigkeit der Brühe. Wenn bereits die kalte Brühe geliert, weniger Gelatine nehmen; möglicherweise braucht man aber auch mehr. Darum die Gelierprobe machen: Etwas vom flüssigen Gelee auf einen kleinen Teller geben, kurz ins Tiefkühlfach stellen und die Konsistenz des kalten Gelees prüfen.

Die Karpfen filetieren, enthäuten und entgräten. Da Karpfen viele kleine, dünne Gräten haben, empfiehlt es sich, die Gräten nicht einzeln zu ziehen, sondern großzügig herauszuschneiden. (Haut, Abschnitte und Gräten kann man zum Kochen einer Fischbrühe verwenden.)

Die Karpfenfilets in 2 Zentimeter große Würfel schneiden, salzen und mit dem Dill in einen wassergefüllten Dämpfer geben. 3–4 Minuten dämpfen.

Die Austernpilze im Traubenkernöl scharf anbraten, salzen, pfeffern und auf Küchenkrepp abtropfen lassen.

Austernpilze und Karpfenstücke vorsichtig mischen und in eine 2-Liter-Terrine schichten. Mit dem lauwarmen Gelee auffüllen und über Nacht auskühlen lassen.

Die Zutaten für die Vinaigrette mischen und abschmecken.

Die gekühlte Terrine kurz in warmes Wasser tauchen, stürzen und mit einem Elektromesser den Karpfen-Preßsack aufschneiden. Die Scheiben anrichten und mit der Vinaigrette umgießen. Mit Feldsalat und Paprikastreifen garnieren.

Weinempfehlung: Ein milder, aber frischer Grauburgunder aus dem Elsaß, z. B. Pinot Blanc Mise du Printemps, Josmeyer, Elsaß.

Kalbsfußrösti mit Bratkartoffeln in Vinaigrette

Für 4 Personen

1 Kalbsfuß
1 l Gemüsebrühe
etwas geklärte Butter (Butterschmalz)
Salz, Pfeffer
6 Pellkartoffeln, in dünne Scheiben von etwa 3 mm geschnitten
4–6 EL Schnittlauchvinaigrette (siehe S. 40)

Den Kalbsfuß in der Brühe weich kochen und vom Knochen lösen. Wenn das Fleisch kalt ist, in Streifen wie Pommes frites schneiden. Salzen, pfeffern und vorsichtig vermischen. In einer kleinen Teflonpfanne portionsweise im Butterschmalz braten. Durch die sich bildende Kruste werden die Kalbsfußstreifen wie Rösti zusammengehalten.

Die Kartoffelscheiben ebenfalls in Butterschmalz braten und jeweils einige mit einer Kalbsfußrösti zusammen auf einem Teller anrichten. Die Schnittlauchvinaigrette um die Kalbsfußrösti gießen.

Anmerkung: Dieses Gericht ist nicht ganz leicht und deshalb mit einem kleinen Salat als Mittagessen ausreichend.

Weinempfehlung: Ein kräftiger, im Barrique ausgebauter Chardonnay, z. B. Chardonnay Linticlarus, J. Tiefenbrunner, Südtirol.

Kutttelterrine mit grünem Pfeffer und Zuckerschotensalat

Für 10 Personen

500 g weißes Kalbsbrät (vom Metzger)
250 g Sahne
400 g Kutteln, in Brühe weichgekocht
2 EL grüne Pfefferkörner, eingelegt
Pastetengewürz
Salz, Pfeffer

Für die Garnitur:

500 g Zuckerschoten, blanchiert
10 Wachteleier, gekocht
1 EL Schnittlauch, fein geschnitten

Für die Vinaigrette:

4 EL Olivenöl
2 EL Walnußöl
1 EL Sherryessig
Salz, Pfeffer

Das Kalbsbrät in eine Schüssel geben, nach und nach die Sahne mit einem Kochlöffel unterrühren. Die ausgekühlten Kutteln in Streifen schneiden (2 Millimeter dick, 5 Millimeter lang) und in die Farce geben. Die Pfefferkörner dazugeben, mit Salz, Pfeffer und Pastetengewürz abschmecken.

Eine 2-Liter-Terrine mit Klarsichtfolie auslegen, die Farce einfüllen und mit Folie abdecken. In ein heißes Wasserbad stellen und im Ofen etwa 90 Minuten garen (dabei darf das Wasser nicht kochen). Die Terrine über Nacht auskühlen lassen.

Die Zutaten für die Vinaigrette verrühren und damit die Zuckerschoten marinieren.

Die Terrine stürzen, aufschneiden, mit den Zuckerschoten und den halbierten Wachteleiern anrichten. Mit dem Schnittlauch garnieren.

Anmerkung: Kutteln müssen einen angenehmen Geruch haben. Nur dann sind sie gut und frisch. Man sollte wissen, ob sie roh oder vorgekocht sind: Bei rohen Kutteln beträgt die Kochzeit 2–3 Stunden, bei vorgekochten dagegen nur 30 Minuten.

Weinempfehlung: Ein Sauvignon Blanc, trocken und leicht grasig, z. B. Pouilly Fume, Fournier, Loire.

Renkenfilet in Riesling

Für 4 Personen

2 Renken à 300–400 g
1 Flasche trockener Riesling
40 g Sellerie, in feine Streifen geschnitten
40 g Karotten, in feine Streifen geschnitten
40 g Lauch, in feine Streifen geschnitten
40 g Schalotten, in feine Streifen geschnitten
4 Lorbeerblätter
4 Wacholderbeeren
Salz, Pfeffer
1 kleines Bund Petersilie, gehackt

Die Renken filetieren.

Den Wein mit den Gemüsestreifen und Gewürzen aufkochen. Den Sud mit Salz und Pfeffer abschmecken. Die Hälfte der heißen Marinade in eine flache, vorgewärmte Form (Porzellan oder Cromargan) füllen und die Fischfilets mit der Hautseite nach unten hineinlegen. Mit der restlichen Marinade übergießen und etwas ziehen lassen. Die Renkenfilets mit der Petersilie bestreuen und im Weißweinsud lauwarm servieren.

Anmerkung: Diese Vorspeise kann man auch mit Forellenfilets, kleinen Makrelenfilets oder Saiblingsfilets herstellen.

Tip: Die Fische sollten wenigstens einen Tag vor der Zubereitung geschlachtet bzw. gefangen sein. Denn bei frisch geschlachteten Fischen ist die Fleischspannung so groß, daß die Filets sich stark verdrehen oder beim Kochen zerreißen.

Weinempfehlung: Ein trockener Silvaner vom Juliusspital, Franken.

Marinierter Kalbstafelspitz

Für 4 Personen

750 g Kalbstafelspitz
1 l kräftige Gemüsebrühe
Schnittlauchvinaigrette (siehe S. 40)
20 Wacholderbeeren, fein gehackt

Den Kalbstafelspitz in der Brühe weich kochen und anschließend darin abkühlen lassen. In sehr dünne Scheiben schneiden und wie beim Carpaccio auf kalte Teller verteilen.

Mit der Vinaigrette marinieren und mit Wacholderbeeren bestreuen.

Tip: Am besten schmeckt das Gericht, wenn das Fleisch gerade ausgekühlt ist und noch nicht über Nacht im Kühlschrank gestanden hat.

Weinempfehlung: Ein trockener Weißwein, der nicht zu körperreich ist, z. B. ein Grüner Veltliner, Strasser Hasel, Eichinger Allram, Kremstal, Österreich.

Ochsenbrust in Gelee mit Meerrettichplätzchen

Für 4 Personen

400 g gekochte Ochsenbrust oder Brustspitz, in dünne Scheiben geschnitten
50 g Karotten, in dünne Scheiben geschnitten
50 g Sellerie, in dünne Scheiben geschnitten
50 g Zucchini, in dünne Scheiben geschnitten
1 l klare Rinderbrühe
13 Blatt Gelatine
30 g Schnittlauch
20 g Ingwer
2 cm Meerrettichwurzel
etwas Sherryessig
Salz, Pfeffer

Für die Meerrettichplätzchen:

50 g Meerrettich, gerieben
2 EL Zucker
3 EL Paniermehl
2 EL zerlassene Butter
2 Eier
Salz
Öl

Für die Schnittlauchvinaigrette:

Olivenöl
Rotweinessig
Schnittlauch
Salz, Pfeffer

Karotten, Sellerie und Zucchini im Dampfeinsatz kurz blanchieren. In Eiswasser abkühlen.

Die Gelatine in kaltem Wasser einweichen.

Die Rinderbrühe mit Schnittlauch, Ingwer, Meerrettich, Sherryessig, Salz und Pfeffer erhitzen. Die Brühe passieren und die ausgedrückte Gelatine hinzugeben. Kühl stellen.

Die Terrine mit Klarsichtfolie auslegen und kühl stellen.

Schichtweise das Gelee, die Ochsenbrust und die Gemüsescheiben einfüllen und diesen Vorgang wiederholen, bis die Terrine gefüllt ist. Die Sülze fest werden lassen.

Für die Meerrettichplätzchen die Zutaten vermischen und in Öl backen.

Die Zutaten für die Vinaigrette gut vermengen, abschmecken und zur Sülze reichen. Mit den Plätzchen umlegen.

Tip: Dieses Gericht kann man auch mit Tafelspitz oder Ochsenbacken zubereiten.

Weinempfehlung: Ein frischer Weißwein, der aber auch ein bißchen Körper hat, z. B. ein Sancerre Vieille Vignes, Fournier, Loire.

Rehpastete

Für 4 Personen

150 g Rehschulter
100 g ungesalzener, fetter Speck, in Scheiben geschnitten
90 g Schweinefleisch
50 g Kalbfleisch
70 g Reh- oder Kalbsleber
40 g Wildfleisch, gewürfelt
40 g ungesalzener Speck, gewürfelt
1 Rehfilet, angebraten und in Speck gewickelt
15 g Schalotten, gewürfelt
10 g Butter
1/2 Apfel
1 Ei
1–2 Wacholderbeeren
100 g Sahne
Pastetengewürz
40 g Trüffel, gewürfelt
Madeira, nach Geschmack
Cognac, nach Geschmack
1 Eigelb, mit gleicher Menge Wasser vermischt

Für den Pastetenteig:

1/2 kg Mehl
2 kleine Eier
170 g Butter
200 ml lauwarmes Wasser
10 g Salz

Für das Madeiragelee:

1/2 l kräftige klare Brühe
4–5 Blatt Gelatine
trockener Madeira

Die Leber in grobe Würfel schneiden und mit den Schalotten in der Butter anbraten. Die erkaltete Leber mit den verschiedenen Fleischsorten, dem Apfel, dem Ei und den Wacholderbeeren zweimal durch die feine Scheibe des Fleischwolfs drehen und anschließend durch ein Sieb passieren. Die Masse auf Eis gut verrühren und dabei nach und nach die Sahne und das Pastetengewürz hinzugeben.

Die Wildfleisch- und Speckwürfel sowie die Trüffel in Madeira und Cognac marinieren und dann unter die durchgearbeitete Masse mischen.

Für den Teig das Mehl zu einem Kranz formen. In der Mitte die Eier, die Butter, das Wasser und das Salz vermengen. Das Mehl nach und nach dazunehmen und das Ganze zu einem festen Teig verarbeiten. 2 Stunden ruhenlassen.

Für das Gelee die Brühe erwärmen und die eingeweichte Gelatine hineingeben. Die Anzahl der Blätter richtet sich nach der Brühe, die möglichst schon in kaltem Zustand gelieren sollte. Mit 1 Schuß Madeira abschmecken und gut abkühlen lassen.

Eine Pastetenform mit dem ausgerollten Pastetenteig auslegen. Den Boden und die Wände mit den Speckscheiben belegen. Anschließend die Füllung bis zum oberen Rand einfüllen. Das Rehfilet beim Füllen in die Mitte legen. Das Ganze mit einer dünnen Speckschicht belegen und mit einem Teigdeckel verschließen, mit Eigelb bestreichen und in die Mitte des Deckels ein Dampfloch schneiden. Bei 190 Grad im Ofen anbacken. Wenn die Pastete Farbe angenommen hat, den Ofen auf 150 Grad zurückschalten und 1 1/2–2 Stunden backen. Nach dem Erkalten mit dem geschmolzenen, jedoch nicht warmen Gelee auffüllen und in den Kühlschrank stellen.

Die Pastete in Scheiben schneiden und mit dem restlichen Madeiragelee garnieren.

Anmerkung: Dieses Rezept ist ein klassisches Pastetenrezept, das man auch mit anderem Fleisch machen kann, z. B. mit Hirsch, Hase, Ente, Wachtel.

Weinempfehlung: Ein kühler Beaujolais, z. B. ein Beaujolais Villages, Faiveley, Burgund.

Rosenkohl-Champignon-Salat mit Schweineschwänzchen

Für 4 Personen

400 g Rosenkohlblätter, blanchiert
200 g weiße Champignons, in Scheiben geschnitten
24 schwarze Oliven, entsteint und halbiert
2 EL geschälte Tomaten, gewürfelt
12 Walnüsse
4 Eier, in Essig und Salzwasser pochiert, so daß sie innen noch weich sind
4 Schweineschwänzchen, in Gemüsefond weich gekocht
4 EL Knoblauchcroûtons (Weißbrotwürfel in geklärter Butter mit etwas Knoblauch goldbraun gebraten)
1 EL Kerbel, fein gehackt

Für die Vinaigrette:

4 EL Olivenöl
2 TL Walnußöl
2 TL Sherryessig
Salz, Pfeffer
Saft von 1/2 Zitrone
1 EL Petersilie, fein gehackt

Die Zutaten für die Vinaigrette vermischen und abschmecken. Die Rosenkohlblätter einige Minuten darin ziehen lassen. Dann Champignons, Tomaten, Oliven und Walnüsse dazugeben und die Eier darauflegen.

Kurz vor dem Servieren die Schweineschwänzchen mit den Fingern von den Knochen ablösen, kleinzupfen und noch warm auf dem Salat anrichten.

Mit Knoblauchcroûtons und Kerbel garnieren.

Zanderröllchen mit Schnittlauch-Joghurt-Sauce

Für 4 Personen

600 g Zanderfilets, in dünne Scheiben geschnitten
75 g Karotten, in feine Streifen geschnitten
75 g Sellerie, in feine Streifen geschnitten
75 g Lauch, in feine Streifen geschnitten
50 g Schalotten, fein gehackt
10 frische Morcheln (oder getrocknete, in Wasser eingeweicht), in Scheiben geschnitten
Olivenöl
Salz, Pfeffer
etwas frischen Koriander

Für die Sauce:

125 g Vollmilchjoghurt
2 EL Schnittlauch, fein geschnitten
Salz, Pfeffer

Die Fischfiletscheiben zwischen Plastikfolie hauchdünn klopfen.

Für die Füllung das Gemüse und die Morcheln mit dem Olivenöl, Salz und Pfeffer marinieren.

Die Gemüse und Morcheln auf die Fischscheiben verteilen und vorsichtig aufrollen.

Den Joghurt mit dem Schnittlauch verrühren und mit Salz und Pfeffer abschmecken.

Die Fischröllchen auf Teller verteilen, mit etwas Sauce anrichten und mit Koriander garnieren.

Tip: Wenn man daraus ein leichtes Mittagsgericht machen möchte, Kräuterkartoffeln dazu servieren.

Weinempfehlung: Ein trockener, fruchtiger Pinot Blanc, z. B. ein Pinot Bianco, J. Tiefenbrunner, Südtirol.

Salat mit gebratener Entenbrust und Herbstpilzen

Für 4–6 Personen

Blattsalate der Saison
Kräuteressig
Olivenöl
pro Person 1 Entenbrust mit Haut à 125 g
250 g Herbstpilze (z. B. Trompetenpilze, Steinpilze, Schopftintlinge, Maronenpilze, Champignons)
50 g Zwiebeln, fein geschnitten
etwas Butter
1 Bund Petersilie, fein gehackt
20 Salbeiblätter
etwas Backteig (siehe S. 113)
Öl
Salz, Pfeffer

Die Salate putzen und trockenschleudern.

Die Entenbrüste parieren, würzen und getrennt von der Haut braten, so daß sie innen noch leicht rosa sind. Warm stellen. Die Haut würzen, in Streifen schneiden und kroß braten. Das Fett abgießen und warm stellen.

Die Salbeiblätter in den Bierteig tauchen und in Öl ausbacken. Warm stellen.

Die Pilze in gleichmäßige Stücke schneiden und mit den Zwiebeln in Butter braten. Mit Salz, Pfeffer und der gehackten Petersilie abschmecken.

Die Salate mit Essig und Olivenöl anmachen. Mit Salz und Pfeffer abschmecken, anrichten und die Pilze darübergeben.

Die Entenbrüste in dünne Streifen schneiden und auf den Salaten anrichten. Mit dem Salbei und den Entenhautstreifen garnieren.

Tip: Wenn man die Möglichkeit hat, die Entenbrüste bei 75 Grad (+/- 5 Grad) zu halten, kann man sie bis zu 1 Stunde vorher zubereiten. Bei dieser Temperatur bleiben sie rosa und saftig.

Weinempfehlung: Ein trockener, kräftiger Weißburgunder, z. B. Weißburgunder, Barrique, Heinz Schmitt, Mosel.

Auf Tee geräucherter Saibling mit Kartoffel-Kresse-Salat

Für 4 Personen

4 Saiblingsfilets à 60–70 g
1/2 Stange Lauch, in feine Streifen geschnitten und in Eiswasser eingelegt
Friséesalat

Für die Marinade:

etwas grobes Meersalz, Zucker
1 Bund Dill, grob gehackt
1 Bund Petersilie, grob gehackt
Wacholderbeeren, zerdrückt
Korianderkörner, zerdrückt
Pfefferkörner, zerdrückt

Für den Kartoffelsalat:

4 mittelgroße Kartoffeln
2 Schalotten, gewürfelt
1/8 l kräftige Geflügelbrühe
Estragonessig
1 Bund Brunnenkresse
1 Messerspitze Dijon-Senf
Traubenkernöl
Salz, Pfeffer, Butter

Zum Räuchern:

20 g Darjeeling Tee
20 g Räuchermehl

Die Saiblingsfilets in der Marinade etwa 24 Stunden ziehen lassen, anschließend trockentupfen und mit der Hautseite nach unten in einem Räucherofen warm räuchern. Die Haut vorsichtig abziehen.

Die Kartoffeln kochen, schälen und in Scheiben schneiden. Schalottenwürfel anbraten, mit Brühe und Essig ablöschen, würzen und über die Kartoffeln geben. Senf und Traubenkernöl dazugeben. Die gezupften Brunnenkresseblätter unterheben.

Ein Kartoffelsalatbett anrichten, das Saiblingsfilet darauflegen und mit Friséesalat garnieren.

Die Lauchstreifen gut trocknen, fritieren und auf die Saiblingsfilets setzen.

Anmerkung: Dieses Rezept kreierte Bobby Bräuer, der im »Le Gourmet« gelernt hat und später dort Küchenchef war. Jetzt ist er Küchenchef im Hotel »Königshof« in München.

Suppen

Milzschöberlsuppe

Für 10 Personen

2 l Kraftbrühe

Für den Biskuit:

5 Eigelb
5 Eiklar
80 g Zucker
100 g Mehl
25 g zerlassene Butter

Für die Füllung:

100 g Milz
1 Schalotte
1 EL Petersilie, fein gehackt
Salz, Pfeffer

Für den Biskuit die Eigelb mit der Hälfte des Zuckers schaumig rühren, die Eiklar mit dem restlichen Zucker steif schlagen. Beide Massen sorgfältig mischen und das Mehl vorsichtig untersieben. Zum Schluß die zerlassene Butter dazugeben. Die Masse etwa 4 Millimeter dick auf eingefettetes Backpapier streichen. Im 200 Grad heißen Ofen 10–15 Minuten goldbraun backen.

Die Zutaten für die Füllung durch die feine Scheibe des Fleischwolfs drehen, mit Salz und Pfeffer abschmecken. Dünn auf den gebackenen Biskuit streichen und bei Oberhitze etwa 3 Minuten stocken lassen.

Den noch warmen Biskuit zur Roulade aufrollen und dabei das Papier entfernen. Abkühlen lassen und in Scheiben von 1/2 Zentimeter Breite schneiden.

Die heiße Brühe in Tassen füllen und vor dem Servieren die Biskuitscheiben hineingeben.

Bunte Paprikasuppe

Für 4 Personen

400 g roter Paprika, in Stücke geschnitten
400 g gelber Paprika, in Stücke geschnitten
400 g grüner Paprika, in Stücke geschnitten
1/4 l Rinderbrühe
Salz, Pfeffer
250 g Sahne

Die Paprikastücke dünsten. Nach Farben getrennt im Mixer fein pürieren und durch ein Sieb passieren. Jeweils etwas von der heißen Rinderbrühe zugeben. Salzen und pfeffern und die Sahne einrühren.

Möglichst gleichzeitig von drei Seiten in die Suppenteller einfüllen.

Meerrettichsuppe mit Räucherlachs

Für 4 Personen

1/2 l Gemüsefond
1/4 l Fischfond (siehe S. 118)
250 g Crème fraîche
1–2 TL Meerrettich, frisch geschabt, sehr fein gehackt
150–200 g Räucherlachs, in dünne Streifen geschnitten
100 g Lauch, in dünne Streifen geschnitten und blanchiert
1 Bund Dill
Öl

Gemüsefond, Fischfond und Crème fraîche etwa um ein Viertel einkochen und mit dem Pürierstab nochmals aufschlagen. Den Meerrettich dazugeben und noch einige Minuten ziehen lassen.

Den Dill von den Stielen befreien und mit einem Schaumlöffel oder einem Fritierkorb kurz in der Friteuse ausbacken. Auf Küchenkrepp abtropfen lassen.

Kurz vor dem Servieren die Suppe nochmal aufschäumen und den Lachs und den Lauch zugeben. In Suppenteller geben und mit den gebackenen Dillblättern garnieren.

Senfsuppe mit Bratnockerln

Für 4 Personen

1/2 l heller Kalbsfond (siehe S. 117)
1/4 l Gemüsefond
250 g Sahne
125 g Crème fraîche
3–4 EL mittelscharfer Senf
Salz, Pfeffer
200 g rohes, feines Kalbsbrät
1 Laugenstange
Butter
Petersilienblätter, grob gehackt

Kalbs- und Gemüsefond mit Sahne und der Crème fraîche um ein Drittel langsam einkochen lassen.

Senf nach Geschmack dazugeben und nochmals etwa 10 Minuten kochen lassen.

Das mit einem Kaffeelöffel zu Klößchen abgestochene Kalbsbrät in leicht gesalzenes Wasser legen und einige Minuten gar ziehen lassen. Nicht zu stark kochen lassen.

Die Laugenstange in dünne Scheiben schneiden und in geklärter Butter goldbraun anbraten.

Die Suppe auf vorgewärmten Tellern anrichten. Die Klößchen hineingeben. Im letzten Moment mit den gebackenen Laugenstangenscheiben belegen und mit der gehackten Petersilie garnieren.

Anmerkung: Das Gericht »Kalbsbratwurst mit Senf« wurde hier umgedreht.

Kartoffelsuppe mit Forellenkaviar

Für 10 Personen

1 kg mehlige Kartoffeln, geschält und gewürfelt
100 g Schalotten, grob geschnitten
50 g Sellerie, grob geschnitten
50 g Lauch, grob geschnitten
50 g Petersilienwurzel, grob geschnitten
Butter
50 g Räucherspeck, in grobe Würfel geschnitten
1 l heller Kalbsfond (siehe S. 117)
1 Majoranzweig
5 Wacholderbeeren
10 Pfefferkörner
2 Lorbeerblätter
500 g Sahne
Salz, Pfeffer

Für die Garnitur:

pro Person 15–25 g Forellenkaviar (oder Keta, Lachs- oder Saiblingskaviar)
25 g Lauch, fein geschnitten und kurz blanchiert
25 g Sellerie, fein geschnitten und kurz blanchiert
25 g Karotten, fein geschnitten und kurz blanchiert

Die Schalotten mit dem Gemüse in Butter andünsten. Den Speck dazugeben und einige Minuten ziehen lassen. Die Kartoffelwürfel dazugeben und den Kalbsfond dazugießen. Mit Wasser auffüllen, so daß alle Zutaten gut bedeckt sind. Die Gewürze hineingeben und etwa 45 Minuten kochen, bis Kartoffeln und Gemüse weich sind. Durch ein feines Sieb passieren und die Suppe mit der Sahne noch einmal aufkochen. Mit Salz und Pfeffer abschmecken.

Vor dem Servieren die Suppe mit dem Handmixer aufschlagen und auf vorgewärmte Teller verteilen. Mit den Gemüsen und dem Forellenkaviar garnieren.

Metzelsuppe mit Sahne

Für 8 Personen

1 kg rohe, deftig gewürzte Schweinswurst oder gefüllter Schweinefuß
1 kg Sahne
Salz, Pfeffer
10 Scheiben Weißbrot
Butter
Schnittlauch

Die Wurst etwa 2 Stunden in Wasser kochen, aus dem Fond nehmen und kalt werden lassen. 2 Liter vom Kochfond zur Sahne geben und um etwa ein Drittel einkochen. Mit Salz und Pfeffer abschmecken. Mit dem Handmixer aufschlagen.

Für die Suppeneinlage das Brot in Würfel schneiden und in etwas Butter knusprig rösten. Ein Viertel der gekochten Wurst in feine Streifen schneiden. (Den verbleibenden Rest verwendet man als Hauptgericht.)

Die Suppe auf Tellern mit Brotcroûtons, Wurststreifen und Schnittlauch anrichten.

Anmerkung: Als Metzelsuppe bezeichnete man in Bayern ursprünglich eine Suppe, die aus dem Wurstsud des Metzgers zubereitet wurde.

Fischgerichte

Forellenfilet in Pergament gegart

Für 4 Personen

4 Forellen à 300 g
40 g Sellerie, in feine Streifen geschnitten
Saft von 1/2 Zitrone
2 Fleischtomaten, enthäutet, entkernt, gewürfelt
60 g Karotten, in feine Streifen geschnitten
60 g Lauch, in feine Streifen geschnitten
200 g Champignons, in feine Streifen geschnitten
6 Basilikumblätter, in feine Streifen geschnitten
Salz, Pfeffer
4 große Bogen Pergamentpapier

Die Forellen filetieren, die seitlichen Gräten mit einer Pinzette herausziehen. Mit Salz und Pfeffer würzen.

Die Selleriestreifen mit dem Zitronensaft beträufeln, damit der Sellerie seine Farbe behält.

Die Tomatenwürfel mit den Sellerie-, den Karotten-, den Lauch-, den Champignon- und den Basilikumstreifen locker vermischen, salzen und pfeffern.

Die vier Pergamentbögen in der Mitte knicken und auf die eine Hälfte jeweils etwas von der Gemüsemischung geben. Darauf die Forellenfilets mit der Haut nach oben legen, leicht salzen und pfeffern und mit etwas Gemüse bedecken. Die andere Pergamenthälfte darüberklappen und die Ränder sorgfältig einschlagen. Im vorgeheizten Ofen bei 220 Grad etwa 10 Minuten garen. Das Pergamentpapier soll sich aufblähen und an der Oberseite goldbraun werden.

Die Pergament-Pakete auf einer Platte anrichten und am Tisch mit einem Messer das Papier aufschneiden und die Forellenfilets auf vorgewärmten Tellern anrichten. Mit den Gemüsen und dem Fond, der sich gebildet hat, garnieren.

Tip: Die Fische beim Händler in Filets zerlegen lassen.

Weinempfehlung: Ein leichter, trockener Wein, z. B. ein Gavi di Gavi, Morgassi, Piemont.

Krautnudeln mit Flußkrebsen

Für 4 Personen

40 Krebse à 60–70 g
1 Bund Suppengrün
4 Nudelplatten, 20 x 15 cm
4 EL Lachsfarce (siehe S. 54)
8 EL Sauerkraut, gekocht
etwas Röstgemüse
1 EL Tomatenmark
200 ml roter Portwein
200 ml Cognac
200 ml Noilly Prat
1/2 l Fischfond (siehe S. 118)
1/2 l trockener Weißwein
Olivenöl
Thymian
Lorbeer
Knoblauch
Fenchelkraut
Salz, Pfeffer

Die Krebse in Wasser mit dem Suppengrün 3–5 Minuten kochen, sofort abschrecken.

Die Karkassen der Krebse in Olivenöl anrösten, Röstgemüse hinzugeben und nach kurzer Zeit das Tomatenmark. Mit Cognac und Portwein aufgießen und flambieren. Noilly Prat, Weißwein, Fischfond und die Gewürze dazugeben. Mit Wasser auffüllen, bis die Karkassen knapp bedeckt sind. Etwa 45 Minuten langsam köcheln. 30 Minuten stehen lassen, durch ein Tuch passieren und um ein Drittel einkochen lassen.

Die Nudelplatten al dente kochen. Mit Lachsfarce bestreichen, das etwas kleingehackte Sauerkraut daraufgeben und einrollen. In 2 Zentimeter dicke Scheiben schneiden, von beiden Seiten in einer beschichteten Pfanne anbraten.

Die Krautnudeln in tiefe Teller geben. Krebse darauf verteilen. Mit dem Krebsfond übergießen. Mit dem restlichen in heißem Öl gebackenen Sauerkraut garnieren.

Anmerkung: Dieses Rezept kreierte Michael Fell, der im »Le Gourmet« Chefsaucier war. Heute ist er Küchenchef im »Hotel Egerner Hof« in Rottach Egern.

Salzburger Fisch-Nockerln mit Krebsen

Für 4 Personen

24 Krebse, ausgelöst
8 Eiklar
Zucker
1/2 l kräftiger Fischfond (siehe S. 118)
Krebssauce (siehe S. 50)
Trüffel, in Scheiben geschnitten

Das Eiklar steif schlagen und etwas Zucker zugeben. Den stark reduzierten, warmen Fischfond mit dem Schneebesen unterrühren.

Mit dem Konditorspachtel große Nocken formen. In Butter langsam anbraten und im Ofen bei etwa 180 Grad ausbacken.

Die Krebssauce erhitzen und die ausgelösten Krebse hineingeben.

Die Nocken auf heißen Tellern anrichten und mit dem Krebsragout umgießen. Mit Trüffelscheiben garnieren.

Anmerkung: Dieses Gericht sollten Sie ausprobieren, bevor Sie es Gästen servieren, da es einige Erfahrung erfordert. Wenn z. B. zuviel Fett oder Eigelb im Eiklar sind oder zuviel Fischfond verwendet wird, fallen die Nockerln zusammen.

Weinempfehlung: Ein milder, aber trockener Wein, z. B. Shaver Chardonnay, Kalifornien, oder Pinot Blanc, Blank, Elsaß.

Karpfengulasch mit Paprikasauce

Für 4 Personen

1 Karpfen, ca. 1,8 kg
1/2 l trockener Weißwein
1 Zwiebel, gespickt mit 1 Nelke und
1 Lorbeerblatt
Salz, Pfeffer

Für die Spinatbeutel:

70 g große Spinatblätter
1/2 Sellerie, geschält und in Salzwasser gekocht
1 EL zerlassene Butter
125 g Sahne
Schnittlauch

Für die Sauce:

300 g rote Paprika
1/4 l Fischfond (siehe S. 118)
100 g Butter
Sherryessig
Salz

Den Karpfen filetieren und entgräten (am besten beim Fischhändler machen lassen). Den Weißwein mit der gleichen Menge Wasser und der gespickten Zwiebel aufkochen, salzen und pfeffern. Die Karpfenfilets in den Sud legen und 3–4 Minuten ziehen (nicht kochen) lassen, herausnehmen und mit einer Pinzette die restlichen Gräten herausziehen. Den Fisch mit Pergamentpapier abdecken und warm stellen. Den Sud aufbewahren.

Für die Spinatbeutel die Blätter kurz in Salzwasser kochen und in Eiswasser abschrecken. In einem Sieb gut abtropfen lassen. Den gekochten Sellerie in Stücke schneiden und im Mixer pürieren. Das Püree mit zerlassener Butter und der Sahne in einem kleinen Topf erwärmen und abschmecken. Auf je 2–3 große Spinatblätter etwas Selleriepüree verteilen, dann zu einem Beutel zusammenfalten und mit einem Schnittlauchhalm zusammenbinden. Warm stellen.

Für die Sauce die Paprikaschoten vierteln, entkernen und im Fischsud weich kochen. Herausnehmen, im Mixer pürieren und so viel Fischsud zugeben, daß eine flüssige Sauce entsteht. Durch ein feines Sieb passieren. In einer Kasserolle erhitzen, mit dem Schneebesen Butterflocken unterrühren, mit Salz und Sherryessig abschmecken.

Jeweils 1 Spinatbeutel in die Tellermitte geben. Die Fischfilets in Stücke schneiden und um die Spinatbeutel anrichten. Zum Schluß mit der Paprikasauce umgießen.

Tip: Man kann die großen Gräten seitlich aus dem Filet herausschneiden, indem man eine längliche Triangel entlang der Gräten herausschneidet. Das geht viel schneller, als die Gräten mit der Pinzette herauszuziehen. Man muß allerdings wissen, wo die Gräten liegen.

Weinempfehlung: Ein frischer, grasiger Sauvignon Blanc aus Frankreich, z. B. Sauvignon Blanc, Mission St. Vincent, Bordeaux.

Krebsschwanzspieße mit Blutwurstsauce

Für 4 Personen

16 Krebsschwänze, gekocht und ausgelöst
Salz, Pfeffer
Zitronensaft
Butter
4 Holzspieße

Für die Sauce:

200 g Blutwurst
1/4 l Fleischbrühe
roter Portwein
125 g Sahne

Für den Risotto:

200 g Arborio Reis
30 g Zwiebeln, fein gehackt
1/4 l Fleischbrühe
1/4 l trockener Weißwein
1 EL Parmesan, gerieben
1 Bund Bärlauch (Basilikum oder Kerbel)

Die Krebsschwänze mit einem spitzen scharfen Messer entdarmen und auf die Holzspieße stecken. Mit Zitronensaft, Salz und Pfeffer würzen.

Für die Sauce die Blutwurst in kleine Stücke schneiden und mit der Fleischbrühe und etwas Portwein erhitzen. Mit dem Pürierstab mixen. Sahne zugeben, bis die Sauce die gewünschte Konsistenz hat und mit Salz und Pfeffer abschmecken.

Den Reis mit den feingehackten Zwiebeln in Butter glasig anbraten. Die Brühe und den Weißwein dazugießen. Unter ständigem Rühren bei geringer Hitze köcheln. Bei Bedarf noch etwas Flüssigkeit zugeben. Der Reis sollte al dente sein und das Ganze eine breiige Konsistenz haben. Mit Salz, Pfeffer und dem Parmesan abschmecken. Vor dem Anrichten den feingeschnittenen Bärlauch zugeben.

Die Krebsspieße in Butter anbraten, auf den in Suppentellern angerichteten Risotto legen und mit der Sauce umgießen.

Gefüllte Morcheln mit Spaghettini

Für 4 Personen

8–10 große Spitzmorcheln (Saison ist im Mai, sonst getrocknete)
250 g Spaghettini
1/4 l Hühnerbrühe
1/4 l weiße Geflügelsauce (siehe S. 118)
50 g Butter
Salz

Für die Füllung:

150–200 g Krabben oder Crevetten, abgekocht
100 g Basmatireis, gekocht
1 TL Schalotten, fein gehackt
Knoblauch, fein gehackt nach Geschmack
frische Korianderblätter
Salz, Pfeffer

Das Krabbenfleisch mit dem Koriander fein hacken, den gekochten Reis zugeben. Gut vermengen. Schalotten und Knoblauch dazugeben. Mit Salz und Pfeffer abschmecken.

In die gewaschenen und entstielten Morcheln füllen und in der Hühnerbrühe mit etwas Butter abgedeckt einige Minuten garen.

Spaghettini in Salzwasser kochen. Zum Anrichten die Spaghettini noch kurz in Butter anschwenken.

Die Spaghettini mit Hilfe einer Gabel zu einer Spirale aufrollen und auf den Tellern anrichten. Die Morcheln darauf plazieren und mit der Geflügelsauce umgießen. Eventuell mit frischen Korianderblättern garnieren.

Lachs-Chartreuse mit gebackener Haut

Für 4 Personen

300 g Lachsfilet
1 Eiklar
150 g Sahne
Muskat
Salz, Pfeffer
blanchierte Gemüsestäbchen, z. B. Karotten, Zucchini, Steckrüben, Sellerie, Bohnen (so lang wie die Souffléformen hoch und etwa 4–5 mm dick)
Butter
Lachshaut, geschuppt und in dünne Streifen geschnitten
Kerbel

Für die Sauce:

100 g Krabben, fein gehackt
500 g Fischabschnitte und Gräten von weißfleischigen Fischen
50 g Karotten, gewürfelt
50 g Lauch, gewürfelt
50 g Sellerie, gewürfelt
50 g Schalotten, gewürfelt
2 Tomaten, gewürfelt
1/2 l Wasser
1/4 l trockener Weißwein
100 g Crème double
50 g Butter
Salz, Pfeffer
Cognac

Das Fischfilet durch die feinste Scheibe des Fleischwolfs drehen. Alle Zutaten kühlen und eiskalt in die Küchenmaschine geben: zuerst den Fisch, dann Eiklar und Sahne. Zu einer leichten Farce verarbeiten. Mit Salz, Pfeffer und Muskat abschmecken.

4 Souffléformen mit Butter einfetten und am Rand entlang die blanchierten Gemüsestreifen aufstellen. Die Lachsfarce hineinfüllen. Die Formen in ein 90 Grad heißes Wasserbad stellen und 30 Minuten gar ziehen lassen.

Für die Sauce die Fischabschnitte und Gräten mit dem Gemüse, dem Wasser und dem Wein aufkochen, 30 Minuten ziehen lassen und durch ein Sieb passieren.

Den Fond (etwa 1/2 Liter) mit der Crème double um die Hälfte einkochen. Vor dem Servieren mit dem Stabmixer die kalte Butter einschlagen. Mit Salz, Pfeffer und 1 Spritzer Cognac abschmecken. Die feingehackten Krabben zugeben.

Die Lachshautstreifen in Öl kroß braten.

Die Lachs-Chartreuse vorsichtig auf eine mit Küchenkrepp ausgelegte Platte stürzen, so daß die Flüssigkeit, die sich möglicherweise gebildet hat, aufgesaugt wird. Auf Tellern anrichten, mit der Lachshaut und dem Kerbel garnieren.

Tip: Dieses aufwendige Gericht kann man am Morgen vorbereiten, um dann am Abend Eindruck zu machen.

Weinempfehlung: Ein blumiger, trockener Weißer aus dem Piemont, z. B. der I Fiori, Serra di Fiori, Piemont.

Renkenfilet mit Eisenkrautsauce

Für 2 Personen

2 Renkenfilets
4 junge Karotten
4 junge Maiskolben
2 junge Lauchzwiebeln
2 Kartoffeln
Butter
Salz

Für die Sauce:

1 Schalotte
30 g Butter
100 ml trockener Weißwein
100 g Sahne
2 EL getrocknetes Eisenkraut

Das Gemüse kurz blanchieren, die Kartoffeln kochen.

Die Schalotte für die Sauce fein schneiden und in Butter anschwitzen. Mit dem Weißwein ablöschen, einkochen lassen und mit der Sahne und dem Eisenkraut einige Minuten köcheln. Durch ein feines Sieb passieren.

Die Renkenfilets dämpfen und mit dem in Butter angeschwenkten und gesalzenen Gemüse anrichten. Einige Eisenkraut- oder Kerbelblätter dazulegen und mit der Sauce übergießen. Die Salzkartoffeln dazu servieren.

Tip: Eisenkraut ist eine Pflanze, die nach Zitrone riecht und hauptsächlich in Frankreich als Tee (Verveine) nach dem Essen gereicht wird. Hat man kein Eisenkraut zur Verfügung, kann man auch Zitronenmelisse oder das asiatische Zitronengras nehmen.

Weinempfehlung: Ein leichter, erfrischender Wein von der Loire, z. B. ein Muscadet Les Vergers, Cherau Carre, Loire.

Zanderfilet in Sauerkrautbutter auf Wirsingfleckerl

Für 4 Personen

600 g Zanderfilet
300 g Sauerkraut
400 ml Fischsauce (siehe S. 118)
400 g Wirsingblätter
etwas Gemüsefond
Butter
Salz, Pfeffer

Für die Sauce das Sauerkraut waschen und ausdrücken. Ein Drittel davon in der Fischsauce etwa 20 Minuten köcheln, mit gesalzener Butter aufschlagen, passieren und zur Seite stellen.

Das restliche Sauerkraut goldgelb fritieren. Die Hälfte davon in die Sauce rühren und den Rest zum Garnieren aufheben.

Die Wirsingblätter in kleine Quadrate schneiden, kurz in kochendem Salzwasser blanchieren und in Eiswasser abschrecken.

Die Zanderfilets salzen und pfeffern, saftig in Butter braten.

Die Wirsingquadrate im Gemüsefond erhitzen und leicht salzen.

Auf Tellern anrichten. Den abgetupften Zander darauflegen. Mit Sauerkrautbutter umgießen und mit dem gerösteten restlichen Sauerkraut dekorieren.

Dazu passen Kartoffel-Schupfnudeln oder Würfelkartoffeln.

Anmerkung: Dieses Rezept hat Rainer Radach kreiert. Er war Chefsaucier und Gardemanager im »Le Gourmet«. Heute ist er Inhaber und Küchenchef des Restaurants im Hotel Meier in Germering.

Saibling mit Gemüsefüllung

Für 4 Personen

4 Saiblinge à 350 g (vom Vortag)
Salz, Pfeffer
Butter
500 g Mangold (nur das Grüne der Blätter)
30 g Schalotten, fein gehackt
Knoblauch, gehackt
Salzkartoffeln

Für die Füllung:

je 50 g Gemüse (Lauch, Karotten, Sellerie), in Streifen geschnitten
Butter
Basilikumblätter, in Streifen geschnitten
Salz, Pfeffer

Für die Sauce:

250 g Fischgräten und -abschnitte
100 g Lauch, kleingeschnitten
100 g Sellerie, kleingeschnitten
100 g Karotten, kleingeschnitten
3 Schalotten, kleingeschnitten
1/2 l trockener Weißwein
250 g Crème double
Salz, Pfeffer
25 g Butter

Die Saiblinge links und rechts der Rückengräte einschneiden. Die Rückengräte vorsichtig herausschneiden und dann den Fisch ausnehmen. Mit einem kleinen, spitzen Messer die seitlichen Bauchgräten abschneiden und mit einer Pinzette die feinen Seitengräten herausziehen.

Die Gemüsestreifen in Butter anschwitzen und im letzten Moment die in Streifen geschnittenen Basilikumblätter zugeben. Mit Salz und Pfeffer abschmecken.

Die Saiblinge mit der Öffnung nach oben in eine eingefettete Bratreine legen, salzen und pfeffern. Mit den Gemüsestreifen auffüllen.

Etwas Weißwein dazugießen und mit Alufolie bedecken. Im vorgeheizten Ofen bei 200 Grad etwa 15 Minuten garen.

Für die Sauce die Fischabschnitte und das kleingeschnittene Gemüse in Butter anschwitzen und mit dem Weißwein ablöschen. Eventuell etwas Wasser zugießen. 30 Minuten kochen lassen, passieren und mit Crème double und Kochsud zu cremiger Konsistenz einkochen. Mit Salz und Pfeffer abschmecken. Vor dem Servieren mit dem Kochsud vermischen und aufmixen.

Die Mangoldblätter kurz blanchieren, in Butter mit Schalotten und Knoblauch anschwitzen und mit Salz und Pfeffer abschmecken.

Die Saiblinge auf den Mangoldblättern anrichten. Mit der Sauce umgießen und dazu Salzkartoffeln reichen.

Anmerkung: Für dieses Rezept sollten die Fische am Tag nach dem Schlachten verarbeitet werden. Sind die Fische zu frisch, würde sich das Filet beim Dämpfen verdrehen und brechen. Zu frische Fische haben noch zuviel Spannung, deshalb lassen sich die Gräten schlechter ziehen.

Weinempfehlung: Roter Veltliner, Strasser Wechselberg, Eichinger Allram, eine Rarität aus dem Kamptal.

Saiblingfilet auf Dillblüten

Für 4 Personen

2 Saiblinge à 400–500 g
Salz, Pfeffer
Butter
20 Dillblüten (gibt es im Spätsommer)

Für die Sauce:

100 g Lauch
100 g Sellerie
100 g Karotten
3 Schalotten
1/2 l trockener Weißwein
1/4 l Crème double
Salz, Pfeffer

Die Saiblinge ausnehmen und filetieren, die Bauchgräten wegschneiden. Mit einer Pinzette alle feinen Gräten ziehen. Die Filets leicht salzen und pfeffern. Auf einem mit Butter eingefetteten Teller die Dillblüten auslegen. Die Filets mit der Hautseite nach oben darauflegen und in einem Dämpfer 3 Minuten garen.

Für die Sauce Lauch, Sellerie, Karotten und Schalotten kleinschneiden, in den Wein geben und 30 Minuten kochen. Passieren und den Fond mit der Crème double einkochen, so daß er eine cremige Konsistenz hat. Mit Salz und Pfeffer abschmecken.

Die Saiblingfilets auf den Dillblüten anrichten, dabei die Haut bis etwa zur Hälfte vorsichtig abziehen, da es so dekorativer aussieht. Mit der Weißweinsauce umgießen.

Mit Salzkartoffeln servieren.

Anmerkung: Für dieses Rezept sollten die Fische am Tag nach dem Schlachten verarbeitet werden. Sind die Fische zu frisch, verdreht sich das Filet beim Dämpfen und bricht, da die Fische noch zuviel Spannung haben. Außerdem lassen sich die Gräten leichter ziehen, wenn die Saiblinge wenigstens einen Tag früher geschlachtet wurden.

Tip: Gibt es keine frischen Dillblüten, kann man auch getrockneten wilden Fenchel nehmen.

Weinempfehlung: Ein leichter, frischer Weißwein aus Südtirol, z. B. der Feldmarschall von J. Tiefenbrunner.

Schillerlockensoufflé auf Linsen

Für 4 Personen

200 g Schillerlocken
200 g Fischfilet, z. B. Zander, Hecht
2 Eiklar
3 cl Gin
250 g Sahne
Salz, Pfeffer
Butter

Für die Linsen:

100 g schwarze Linsen, sehr fein
(3–4 Stunden in Wasser eingeweicht)
2 Schalotten, fein gehackt
30 g Butter
1/4 l Fischfond (siehe S. 118)
1/8 l weiße Fischsauce (siehe S. 118)
25 g Butter
Salz, Pfeffer
Sherryessig

Für die Garnitur:

1 Bund Schnittlauch, geschnitten
2 EL geschälte Tomatenwürfel
Olivenöl
Salz, Pfeffer

Schillerlocken und Fischfilet durch die feine Scheibe des Fleischwolfs drehen. In der Küchenmaschine mixen, dabei langsam Eiklar, Gin und Sahne zugeben. Alle Zutaten vor der Verarbeitung kühlen und vorsichtig mischen, damit die Farce nicht gerinnt. Mit Salz und Pfeffer abschmecken.

In eingefettete Souffléformen füllen und im 80 Grad heißen Wasserbad etwa 20 Minuten gar ziehen lassen. (Das Wasser darf nicht kochen.)

Für die Linsen die gehackten Schalotten in Butter andünsten, die eingeweichten Linsen dazugeben und mit dem Fischfond aufgießen. Die Linsen weich kochen, dabei öfter umrühren. Zum Schluß die Fischsauce zugeben. Das Linsengemüse soll leicht flüssig sein. Vor dem Anrichten die Butter einrühren, mit Salz, Pfeffer und Sherryessig abschmecken.

Die Linsen auf Teller verteilen und die Soufflés in die Mitte stürzen.

Mit Schnittlauch und den in Olivenöl kurz geschwenkten Tomatenwürfeln garnieren.

Anmerkung: Dieses Rezept können Sie auch mit geräucherter Makrele oder mit geräucherter Bachforelle machen.

Weinempfehlung: Ein kräftiger, trockener Weißwein, z. B. Châteauneuf-du-Pape Blanc Les Cedres, Jaboulet.

Warm marinierte Lachsforelle mit schwarzem Pfeffer

Für 4 Personen

400 g Lachsforellenfilet (oder Seeforelle), ohne Haut
2 TL schwarzer Pfeffer, grob gemahlen
2 TL Petersilie, fein gehackt

Für die Marinade:

6 cl trockener Weißwein
2–3 cl Sherryessig (oder Balsamico: macht die Sauce etwas süßlicher)
4 kleine Schalotten, fein gehackt
100 g kalte Butter
2 EL Crème fraîche
Salz, Pfeffer

Für die Marinade Weißwein und Essig mit den Schalotten um zwei Drittel einkochen. Die Butter in kleinen Stücken mit einem Schneebesen unterrühren. Zum Schluß die Crème fraîche unterrühren. Mit Salz und Pfeffer abschmecken. Besonders glatt wird die Sauce, wenn man sie mit dem Pürierstab im letzten Moment nochmal aufmixt.

Das Lachsforellenfilet in hauchdünne Scheiben schneiden und jede Scheibe einzeln durch die Marinade ziehen. Auf einen angewärmten Teller legen und kurz in den Ofen stellen. Nur so lange, bis die oberste Schicht weiß geworden ist. Die Lachsforellenscheiben sollten innen noch leicht rosa sein.

Mit dem schwarzen Pfeffer und der gehackten Petersilie bestreuen und sofort servieren.

Weinempfehlung: Ein feiner, trockener Weißwein, z. B. Rivaner, Karl Heinz Johner, Kaiserstuhl, Baden.

Weißwurst von Meeresfrüchten mit Senfsauce

Für 4 Personen

250 g Fisch oder Meeresfrüchte, ohne Haut und Gräten, z. B. Zander, Lotte, Steinbutt, Hummerkrabben, Langustinen, Scampi
3 Eiklar
250 g Sahne
Salz, Pfeffer
Schnittlauch, fein geschnitten
1 m Schafsaitlinge (beim Metzger bestellen)

Für die Senfsauce:

1/4 l Fischfond (siehe S. 118)
250 g Sahne
100 ml trockener Weißwein
50 g Butter
2 TL grober Dijon-Senf oder »Moutarde de Meaux«
Salz, Pfeffer

Für das Gemüse:

3 Schalotten, fein gehackt
30 g Butter
300 g junge Wirsingblätter, geschnitten
1/8 l heller Kalbsfond (siehe S. 117)
125 g Sahne
Salz, Pfeffer

Für das Tomatenconcassée:

2 Schalotten, fein geschnitten
1/2 Knoblauchzehe, fein geschnitten
30 g Butter
3 Tomaten, geschält, entkernt und gewürfelt
Salz, Pfeffer
Basilikumblätter, fein geschnitten

Fische und Meeresfrüchte (mindestens zwei verschiedene Fische und eine Meeresfrucht) durch die feine Scheibe des Fleischwolfs drehen. In einer Küchenmaschine mixen, dabei langsam Eiklar und Sahne zugeben. Die Zutaten vor der Zubereitung gut kühlen, damit die Farce nicht gerinnt. Mit Salz und Pfeffer abschmecken. Schnittlauch unterheben.

Die Fischfarce mit einem Spritzbeutel in die Saitlinge füllen, 10 Zentimeter lange Würste abdrehen und in Salzwasser 4 Minuten gar ziehen lassen. Abschrecken und die Haut abziehen.

Für die Sauce Fischfond, Sahne und Weißwein einkochen. Die Butter einschlagen, den Senf einrühren und abschmecken. Vor dem Servieren kurz aufmixen.

Für das Gemüse die Schalotten in Butter anschwitzen, den geschnittenen Wirsing dazugeben und einige Minuten dünsten. Mit dem Kalbsfond ablöschen und mit der Sahne aufgießen. Den Wirsing zugedeckt langsam weichdämpfen.

Für das Concassée Schalotten und Knoblauch in Butter andünsten. Vor dem Anrichten die Tomatenwürfel dazugeben, kurz schwenken, mit Salz, Pfeffer und Basilikum abschmecken.

Die enthäuteten »Weißwürste« im Dampf erwärmen, auf dem Wirsing anrichten und die Senfsauce angießen. Mit Tomatenwürfeln garnieren.

Weinempfehlung: Weißburgunder-Chardonnay S.J. von Karl Heinz Johner, Kaiserstuhl, Baden. In guten Jahren ein Weißwein, der sich mit den größten Chardonnays der Welt messen kann.

Waller mit Senfsauce

Für 4 Personen

1 Waller von ca. 2 kg, so frisch wie möglich und ausgenommen
50 g Lauch, in dünne Streifen geschnitten
50 g Sellerie, in dünne Streifen geschnitten
50 g Karotten in dünne Streifen geschnitten

Für den Kochsud:

5 l Wasser
1/4 l Essig
2 Zwiebeln, geviertelt
Petersilie
Thymian
Lorbeerblätter
75 g Salz
15 g Pfefferkörner

Für die Linsen:

100 g schwarze, sehr feine Linsen
2 Schalotten, fein gehackt
1/4 l heller Kalbsfond (siehe S. 117)
Sherryessig
Salz, Pfeffer

Für die Sauce:

1/4 l Fischfond (siehe S. 118)
250 g Sahne
100 ml trockener Weißwein
50 g Butter
2 TL grober Dijon-Senf
Salz, Pfeffer

Für den Kochsud das Wasser mit den Zutaten 30 Minuten kochen.

Den ausgenommenen und geputzten Waller (die Haut außen nicht abreiben; der Schleim auf der Haut wird beim Kochen blau, wodurch die Frische des Fisches angezeigt wird) in den passierten Kochsud geben und etwa 30 Minuten ziehen lassen (das Wasser darf nicht kochen). Die Gemüsestreifen zum Schluß kurz mitziehen lassen.

Die Linsen etwa 2 Stunden einweichen. Die Schalotten in der Butter glasig anbraten, die abgegossenen Linsen dazugeben und mit dem Kalbsfond auffüllen. Langsam kochen, bis die Linsen weich sind, möglicherweise noch etwas Wasser zugießen. Die fertigen Linsen mit Salz, Pfeffer und Sherryessig abschmecken.

Für die Sauce den Fischfond, die Sahne und den Weißwein einkochen. Mit der Butter aufschlagen, den Senf einrühren und abschmecken. Vor dem Servieren kurz aufmixen.

Den Waller aus dem Sud nehmen, am Tisch filetieren und auf Tellern anrichten, mit Sauce übergießen, Gemüsestreifen darauflegen, Linsen anrichten und mit Salzkartoffeln servieren.

Anmerkung: Ein frischer Waller ist um Klassen besser als die tiefgefrorenen Wallerfilets im Handel. Die meistens gezüchteten Catfishes aus den USA haben nur in der Form eine gewisse Ähnlichkeit.

Weinempfehlung: Ein herber, kräftiger Sauvignon Blanc, z. B. Sauvignon Kirchleiten, J. Tiefenbrunner, Südtirol.

Zwischengerichte

Grammelknödel auf Sauerkraut

Für 6–8 Personen

Für die Grammelknödel:

1 1/2 kg Schweinerückenspeck, gewürfelt
300 g Mehl
1/8 l lauwarmes Wasser
2 EL Öl
Salz, Pfeffer

Für das Sauerkraut:

1 kg mildes Sauerkraut
50 g Schalotten, in Streifen geschnitten
1 Knoblauchzehe, fein geschnitten
50 g Butter
1/2 l heller Kalbsfond (siehe S. 117)
50 g Räucherspeck, gewürfelt
3 Wacholderbeeren
1 Lorbeerblatt
1 mittelgroße Kartoffel, geschält
100 ml trockener Champagner

Mehl, Wasser, Öl und Salz zu einem festen Teig verarbeiten, gut durchkneten und 2 Stunden ruhenlassen.

Die feingeschnittenen Speckwürfel in einer Pfanne goldgelb anbraten, auf einem Drahtsieb abtropfen lassen, mit Salz und Pfeffer würzen. Aus den abgekühlten Würfeln kleine Kugeln (etwa 30 Gramm pro Stück) formen.

Den Teig 1/2 Zentimeter dick ausrollen und in kleine Vierecke schneiden. Auf jedes Viereck eine Speckkugel legen und Knödel formen. Es dürfen keine Löcher in den Knödeln sein, da sonst der Inhalt aufweicht und geschmacklos wird. Die Knödel in kochendes Salzwasser legen und 10 Minuten ziehen lassen.

Für das Sauerkraut die Schalotten mit dem Knoblauch in Butter andünsten. Das Sauerkraut dazugeben und mit dem Kalbsfond auffüllen. Speck, Wacholderbeeren und Lorbeerblatt zufügen und etwa 1 Stunde leicht kochen. Zur Bindung die Kartoffel über das Kraut reiben, noch einige Minuten köcheln lassen und öfter umrühren, damit das Sauerkraut nicht anbrennt. Zum Schluß den Champagner angießen und noch einmal umrühren.

Das Sauerkraut auf Teller verteilen und die Knödel darauf anrichten.

Anmerkung: Die im Rezept genannten Mengen reichen für 6–8 Hauptgericht-Portionen. Die Knödel können einige Tage vorher zubereitet werden, da man sie ungekocht sehr gut einfrieren kann. Grammeln ist der bayerisch-österreichische Name für Grieben. Mein Lieblingsgericht aus Kindertagen.

Getränkeempfehlung: Ein Pils im Champagnerglas ist hier nicht zu überbieten.

Lammbratwürstl auf Lauchgemüse

Für 6 Personen

400 g magere Lammschulter
2 kleine Zwiebeln, grob geschnitten
1 Knoblauchzehe
200 g Eiswürfel
150 g Lammkeule
125 g Sahne
1 EL Petersilie, fein gehackt
1/2 TL Majoran, fein gehackt
Salz, Pfeffer
Schafsaitlinge
Butter

Für den Lauch:

800 g Lauch, der Länge nach halbiert, gewaschen und in Scheiben geschnitten
75 g Butter
100 ml heller Kalbsfond (siehe S. 117)
250 g Sahne
Salz, Pfeffer

Für die Sauce:

1/2 l brauner Kalbsfond (siehe S. 117)
5 cl trockener Madeira
20 g Butter
30 g schwarze Trüffel, fein gehackt

Die Lammschulter mit den Zwiebeln und dem Knoblauch zweimal durch die feinste Scheibe des Fleischwolfs drehen. Im Mixer diese Mischung unter langsamer Zugabe der Eiswürfel zu einer glatten Masse mixen und in eine Schüssel geben.

Das Lammkeulenfleisch durch die grobe Scheibe des Fleischwolfs drehen und zu dem gecutterten Fleisch geben. Mit einem Holzlöffel langsam die Sahne untermengen. Die Farce mit Petersilie, Majoran, Salz und Pfeffer abschmecken. Für eine Geschmacksprobe etwas von der Farce in einer Pfanne anbraten und gegebenenfalls nachwürzen.

Am besten läßt sich die Farce mit einer Wurstpresse in die Saitlinge füllen. 10 Zentimeter lange Würste abbinden und in Salzwasser bei 80 Grad 15 Minuten gar ziehen lassen. In kaltem Wasser abschrecken und abkühlen lassen. Die Würstchen nur kurz im Wasser lassen, da sie sonst an Geschmack verlieren. Die Haut abziehen, die Würstchen in Butter braten und auf Küchenkrepp abtropfen lassen.

Den Lauch in Butter anschwitzen, mit dem Kalbsfond ablöschen und zugedeckt 5 Minuten dämpfen. Die Sahne zugießen und den Lauch weich kochen. Wenn der Lauch fertig ist, sollte die Sahne fast vollkommen verkocht sein. Mit Salz und Pfeffer abschmecken.

Für die Sauce den Kalbsfond mit dem Madeira um etwa die Hälfte einkochen und die Butter einschlagen. Die feingehackten Trüffel dazugeben, nur noch kurz kochen und abschmecken.

Tip: Statt Lammfleisch kann man auch Fleisch von Entenkeulen nehmen.

Weinempfehlung: Château Barrail, Bordeaux.

Kalbskopf mit Spargel und Morcheln

Für 6 Personen

600 g Kalbskopf, vom Metzger vorbereitet
1 kg grüner Spargel
30 mittelgroße Morcheln
1 l heller Kalbsfond (siehe S. 117)
1 l kräftiger, trockener Weißwein (Weißburgunder)
1 l Wasser
1 kleine Karotte, in Stücke geschnitten
1/4 Sellerie, in Stücke geschnitten
1/2 Stange Lauch, in Scheiben geschnitten
1 Zwiebel, halbiert
250 g Crème double
Kräutermischung, z. B. Petersilie, Kerbel, Schnittlauch, gehackt
200 g Blätterteig
1 Eigelb
2 Schalotten, fein gehackt
Salz, Pfeffer
Kerbel

Den Kalbsfond, den Weißwein und das Wasser mischen, mit Salz und Pfeffer würzen. Karotte, Sellerie, Lauch, Zwiebel dazugeben und erhitzen. Den Kalbskopf hineinlegen und etwa 3 Stunden garen. Wenn zuviel Flüssigkeit verdampft, etwas Wasser nachgießen. Der Kalbskopf ist fertig, wenn er butterweich ist. Im Kochfond warm stellen.

Für die Sauce 1/2 Liter vom Kochfond mit der Crème double um die Hälfte reduzieren. Mit Salz und Pfeffer abschmecken. Mit den Kräutern mixen und durch ein Sieb passieren.

Den Blätterteig 1/2 Zentimeter dick viereckig ausrollen. Mit dem Eigelb bestreichen und 2 Stunden ruhenlassen. Im vorgeheizten Ofen bei 220 Grad etwa 25 Minuten backen und warm stellen.

Den Spargel dünsten. Die Schalotten anschwitzen, die Morcheln dazugeben und kurz mitdünsten.

Den Spargel auf Tellern anrichten, die Morcheln und den in Stücke geschnittenen Kalbskopf rundherum verteilen. Mit der Sauce teilweise übergießen. Mit dem Blätterteig und dem Kerbel garnieren.

Weinempfehlung: Ein frischer, trockener Müller-Thurgau.

Gebackene Hahnenkämme

Für 4 Personen

8 große Hahnenkämme
1 l kräftige Brühe
Mehl
1 Ei
Paniermehl
Öl
Butter
Salz, Pfeffer

Die Hahnenkämme 5 Minuten in kochendem Salzwasser blanchieren und mit kaltem Wasser abschrecken. Mit einem Tuch die feine weiße Haut der Hahnenkämme vorsichtig abreiben.

Die Hahnenkämme etwa 2 1/2 Stunden in der Brühe weich kochen. Die Hahnenkämme müssen immer mit Brühe bedeckt sein, da sonst die Spitzen schwarz werden. In Eiswasser kurz abkühlen lassen.

In der ebenfalls abgekühlten Brühe beiseite stellen, damit sie nicht austrocknen.

Die Hahnenkämme vorsichtig mit Küchenkrepp abtrocknen. Salzen und pfeffern, mehlieren, durch das verquirlte Ei ziehen und im Paniermehl wenden. In heißem Öl backen und in frischer Butter nachbraten.

Mit Bratkartoffeln, gebackener Petersilie und Sauce tartare oder Bearnaise servieren.

Weinempfehlung: Ein klassischer weißer Burgunder, z. B. der Chardonnay »Cuvee Georges Faivelay«, Faiveley, Burgund.

Anmerkung: Zu Unrecht sind Hahnenkämme bei vielen Menschen verpönt oder lösen sogar verächtliches Gelächter aus. Aufgrund der industriellen Geflügelhaltung und den Massenschlachtungen sind sie häufig nicht zu bekommen. Hahnenkämme sind in der Konsistenz gallertig wie Kalbskopf, Kalbsfüße oder Ochsenmaulsalat. Auf Grund ihrer bizarren Form wurden Hahnenkämme schon seit der Hoch-Küchenzeit der Medicis und der Grande Cuisine des 19. Jahrhunderts als besondere Delikatesse verarbeitet. Selbst Köche wie der große Escoffier haben Hahnenkämme beispielsweise in der Garnitur »Finanzmanns Art« in Kombination mit Gänseleber verwendet.

Das Hauptproblem ist, gute Ware zu bekommen. Man muß sie rechtzeitig bei einem Geflügelhändler bestellen. Man kann Hahnenkämme problemlos einfrieren, da durch das Einfrieren und Auftauen keine Zellen zerstört werden.

Tip: Statt die Hahnenkämme zu backen, kann man sie auch in einer kräftigen dunklen Sauce oder in einer Weißweinsauce garen.

Lammbeuscherl

Für 4 Personen

200 g Lammlunge
200 g Lammherz
1/2 l Wasser
1/4 l trockener Rotwein
50 g Sellerie, gewürfelt
50 g Karotten gewürfelt
50 g Schalotten, gewürfelt
50 g Petersilienwurzel, gewürfelt
50 g Lauch, gewürfelt
1 Lorbeerblatt
8 Wacholderbeeren
Salz, Pfeffer
25 g Butter
10 g Mehl
100 g Essiggurken
2 EL Crème fraîche
Weißweinessig

Lunge und Herz mit kaltem Wasser waschen, alle Häutchen und Adern wegschneiden.

Wasser mit Rotwein und dem Gemüse aufkochen, Herz und Lunge hineingeben. Die Gewürze dazugeben, leicht salzen und pfeffern. Nach einigen Minuten Kochzeit abschäumen und etwa 1 Stunde sanft köcheln. Lunge und Herz herausnehmen und zugedeckt warm stellen.

Den Fond um ein Drittel einkochen und passieren. Aus Butter und Mehl eine braune Mehlschwitze herstellen, mit dem reduzierten Kochfond ablöschen und mit dem Schneebesen verrühren. Knapp 30 Minuten kochen und noch einmal passieren.

Herz, Lunge und Essiggurke in feine Streifen schneiden. Mit der Sauce mischen, die Crème fraîche unterrühren, mit Salz, Pfeffer und Weißweinessig abschmecken.

Weinempfehlung: Ein kräftiger, herber Rotwein aus dem Süd-Westen Frankreichs, z. B. ein Domaine Moureou, Ducourneau, Sud-ouest, Frankreich.

Warmer Geflügelleberkuchen mit Kräuterschmand

Für 4 Personen

200 g helle Geflügelleber
2 Eier
100 ml Milch
100 g zerlassene Butter
Salz, Pfeffer
Pastetengewürz
1 Knoblauchzehe, gepreßt
4 cl Trüffelsaft (aus der Dose)

Für die Sauce:

200 g Crème fraîche
Kräuter, z. B. Petersilie, Schnittlauch, Estragon, Basilikum
75 g Gurken, fein gewürfelt und kurz blanchiert

Die Geflügelleber säubern und von Galleflecken und groben Adern befreien.

Alle Zutaten in einen Mixer geben und so lange mixen, bis eine homogene Masse entsteht. Durch ein Sieb passieren und in eingefettete Portionsformen füllen. Im Wasserbad zugedeckt bei 80–90 Grad 30 Minuten garen.

Nadelprobe machen: Mit einer Nadel oder einem Holzspieß in einen Leberkuchen stechen. Wenn keine Masse mehr an der Nadel klebenbleibt, ist der Leberkuchen fertig.

Wenn man das Gericht warm essen möchte, die Kuchen auf Teller stürzen und zum Beispiel mit einer Krebssauce (siehe S. 50) servieren.

In unserem Fall abkühlen lassen und im kalten Zustand kurz vor dem Servieren mit einem spitzen Messer aus den Formen schneiden. Auf Tellern anrichten und zur Hälfte mit der Sauce umgießen.

Die Crème fraîche mit einem Schneebesen glattrühren. Kräuter nach Geschmack zugeben. Mit Salz und Pfeffer abschmecken. Am Schluß die feinen Gurkenwürfel unterheben.

Weinempfehlung: Ein roter, trockener Südtiroler, gekühlt, z. B. ein Lagrein »Castel Turmhof«, J. Tiefenbrunner, Südtirol.

Kutteln in Weißwein-Kümmel-Sauce

Für 4 Personen

500 g Kutteln, blanchiert
2 l heller Kalbsfond (siehe S. 117)
1/2 l trockener Weißwein
2 EL Schalotten, gehackt
90 g Butter
500 g Sahne
Kümmel
Salz, Pfeffer
2 EL geschlagene Sahne
8 kleine, mehlige Kartoffeln
2 l Öl
Schnittlauch

Den Kalbsfond mit dem Wein aufkochen, die Kutteln hineingeben und 11/2–2 Stunden kochen. Herausnehmen und in dünne Streifen schneiden.

Die Schalotten in 20 Gramm Butter anschwitzen, 1/2 Liter Kuttel-Kochfond und die Sahne dazugießen. Um die Hälfte einkochen und durch ein Sieb passieren. 50 Gramm Butter einschlagen und die Kuttelstreifen in die Sauce geben. Aufkochen, mit Kümmel, Salz und Pfeffer abschmecken. Vor dem Anrichten die geschlagene Sahne unterheben.

Die Kartoffeln schälen, in Scheiben schneiden und im 180 Grad heißen Öl ausbacken. In 20 Gramm Butter nachbraten und salzen. Die Kutteln anrichten, mit den Kartoffelscheiben und Schnittlauch garnieren.

Weinempfehlung: Ein klassischer weißer Burgunder, z. B. ein Mercurey Blanc, Burgund.

Glacierter Ochsengaumen mit Schnittlauchblüten

Für 4 Personen

4–6 Ochsengaumen (beim Metzger bestellen)
3 l Wasser
100 g Sellerie, gewürfelt
100 g Lauch, gewürfelt
100 g Karotten, gewürfelt
100 g Zwiebeln, gewürfelt
Salz, Pfeffer
1/4 l brauner Kalbsfond (siehe S. 117)
30 g Butter
Sellerie, Karotten, Lauch, in Streifen geschnitten und blanchiert
einige Schnittlauchblüten

Den Ochsengaumen mit dem Gemüse im Wasser etwa 3 Stunden weich kochen.

Die weiße Oberhaut vorsichtig entfernen. Dabei am besten den Gaumen mit der Haut nach unten liegend, mit der flachen Hand pressen. Dann mit einem dünnen, scharfen Messer entlang der Unterlage schneiden. Dann kommt die gezackte Oberfläche am schönsten heraus. Quer in 5–7 Zentimeter lange Streifen schneiden.

Im braunen Kalbsfond noch ziehen lassen und die Butter einschlagen.

Die Gemüsestreifen in wenig Butter anschwenken, anrichten, den Ochsengaumen darauf anrichten. Mit Gemüsestreifen und den Schnittlauchblüten garnieren.

Weinempfehlung: Ein Weißwein, frisch, trocken und moelleux zugleich, z. B. Château Grillet, Rhône, Frankreich.

Entenfleischpflanzerl mit Blaukraut

Für 4 Personen

4 Brötchen vom Vortag
Milch
400 g Entenfleisch von der Keule, ausgelöst, mit Haut
1 kleine Zwiebel, fein gewürfelt
1 Knoblauchzehe, fein geschnitten
1 EL Petersilie, gehackt
1 Ei
Salz, Pfeffer
etwas Senf mittelscharf
Öl
Butterschmalz
600–800 g fertiger Rotkohl
etwas brauner Bratenfond
100 ml trockener Rotwein

Die Brötchen in Scheiben schneiden und in Milch einweichen.

Entenfleisch, Zwiebel, Knoblauch kurz und scharf in Öl anbraten.

Durch die feine Scheibe des Fleischwolfs drehen. Mit dem Ei und den ausgedrückten Brötchen vermischen. Abschmecken. Kleine Pflanzerl formen und in Butterschmalz braun braten. Die Entenpflanzerl aus der Pfanne nehmen und warm stellen.

Den Bratensaft mit Rotwein ablöschen und mit etwas braunem Fond auffüllen. Einkochen lassen und passieren.

Die Pflanzerl mit etwas Rotkohl auf den Tellern anrichten und mit der Bratensauce übergießen.

Brot oder Kartoffelpüree dazu reichen.

Weinempfehlung: Merlot, Domaine du Loup, Bacou, Sud-Ouest, Frankreich.

Gratiniertes Rindermark auf Kartoffelpüree

Für 4 Personen

2 große Markknochen
12 EL trocken gehaltenes Kartoffelpüree mit gehackter Petersilie
1 Bund Schnittlauch, fein geschnitten
Salz, Pfeffer

Die Markknochen vom Metzger längs schneiden lassen. Das Mark vorsichtig aus den Knochen lösen und 48 Stunden in kaltes Wasser legen. Das Wasser mehrmals wechseln. Die Knochen auskochen und spitze Knochenteile innen entfernen.

Die Knochen mit dem Püree füllen und mit in Scheiben geschnittenem Mark belegen. Im Ofen bei guter Oberhitze erwärmen, bis das Mark heiß ist. Ein Teil des Marks verflüssigt sich und dringt in das Püree ein. Mit Salz, Pfeffer und dem Schnittlauch nach Geschmack würzen.

Wie einen kleinen Trog auf Füßen, die man aus Baguette oder Knochen geschnitten hat, anrichten.

Als Garnitur eventuell in Butter geschwenkte Gemüse der Saison.

Tip: Die geschnittenen Knochen kann man wiederverwenden.

Weinempfehlung: Ein Weißwein mit wenig Säure, körperreich und nicht zu fruchtig, z. B. Clos St. Hune, Trimbach, Elsaß.

Räucherlachsspätzle mit Meerrettichsauce

Für 4 Personen

120 g Räucherlachs, ohne Haut und Gräten
300 g Mehl
4 Eier
1/4 l Wasser
Salz

Für die Sauce:

1/4 l Fischfond (siehe S. 118) einkochen lassen mit
250 g Sahne oder Crème double (oder zu gleichen Teilen Sahne und Crème fraîche)
Meerrettich, frisch geraspelt
Salz, Pfeffer
Petersilie, gehackt

Den Räucherlachs in einer Küchenmaschine fein pürieren oder sehr fein mit dem Messer hacken. Mit Mehl, Eiern und Wasser vermischen, bis ein glatter Teig entsteht.

In kochendes Wasser »schaben« oder durch ein Spätzlesieb drücken. Abkochen, und wenn die Spätzle gar sind, durch ein Sieb abschütten. In Butter schwenken und in Suppentellern anrichten.

Mit der Sauce um- oder übergießen. Mit der gehackten Petersilie garnieren.

Weinempfehlung: Riesling trocken, Weil, Rheingau.

Frühlingsrollen von Blut- und Leberwurst

Für 4 Personen

Frühlingsrollenteig (trocken oder tiefgekühlt in Asia Geschäften erhältlich)
200 g frische Blutwurst
200 g frische Leberwurst
20 Schalotten
1/2 Knoblauchzehe, gerieben
geriebene Schale von 1/4 Zitrone
Traubenkernöl
1 kleines Bund Majoran
Meersalz, weißer Pfeffer
Petersilie
Koriander
Eiklar

Für die Sauce:

150 g Sauerkraut, abgeschmeckt
100 ml Weißwein nach Geschmack
150 g Rotkohl
100 ml Rotwein nach Geschmack
zerlassene Butter

Die Schalotten kleinschneiden, die Hälfte davon mit der Knoblauchzehe und der Zitronenschale in Traubenkernöl anschwitzen. Die Blutwurst dazugeben und in der Pfanne zerkleinern. Mit Pfeffer und Salz abschmecken und Majoran unterheben.

Die restlichen Schalotten in einer zweiten Pfanne anschwitzen, die Leberwurst hinzugeben und ebenfalls zerkleinern. Mit Koriander, Salz und Pfeffer abschmecken und die geschnittene Petersilie unterheben.

Den Teig in etwa 10 x 15 Zentimeter große Rechtecke schneiden. Die Ränder jeweils mit Eiklar bestreichen und die Längsseiten 1 Zentimeter umklappen. Mit der Blut- bzw. Leberwurstmasse füllen und zusammenrollen. Die Frühlingsrollen fritieren.

Für die Sauce das warme Sauerkraut mit dem Weißwein und zerlassener Butter mixen. So viel Flüssigkeit zugeben, daß das Sauerkraut eine saucenähnliche Konsistenz bekommt. Auf die eine Seite der Teller geben. Den Rotkohl mit Rotwein und zerlassener Butter auf die andere Seite der Teller geben.

Die Frühlingsrollen darauf anrichten und servieren.

Weinempfehlung: Riesling Spätlese »Reichsgraf von Kesselstatt«, Mosel.

Tip: Von diesem Gericht kann man auch eine einfache Variante machen, indem man die Frühlingsrollen nur mit der Leberwurstfarce füllt und aus Blutwurst, Sahne und Kalbsfond im Mixer eine Sauce zubereitet.

Fenchelpudding mit Ochsenmark

Für 4 Personen

400 g Fenchel, ohne Strunk und Blätter
25 g Butter
100 g Sahne
2 Eier
Salz, Pfeffer
Butter
200 g gewässertes Rindermark, in Scheiben geschnitten
200 ml brauner Kalbsfond (siehe S. 117)
Schnittlauch, fein geschnitten

Den Fenchel in kleine Stücke schneiden und in Butter leicht anschwitzen. Mit Wasser aufgießen und zugedeckt weich dämpfen. Die Sahne zugeben und noch einige Minuten kochen lassen. Im Mixer fein pürieren und durch ein feines Sieb streichen.

Die Eier unterrühren, mit Salz und Pfeffer abschmecken und in eine eingefettete flache Form füllen. Mit Butterpapier abdecken und im Wasserbad etwa 45 Minuten gar ziehen lassen. Nicht kochen, sonst bekommt der Pudding Löcher. Wenn die Masse angezogen hat, auskühlen lassen.

Mit einem runden Ausstecher von 5–8 Zentimeter Durchmesser aus dem erkalteten Pudding Scheiben ausstechen und mit den Rindermarkscheiben belegen. Auf einem eingefetteten Blech im Ofen erwärmen und anrichten. Mit dem um die Hälfte reduzierten Kalbsfond umgießen und mit Schnittlauch garnieren. Nach Geschmack das Mark salzen und pfeffern.

Weinempfehlung: Silvaner halbtrocken, Bürgerspital, Franken.

Gebratener Spargel

Für 4 Personen

1 1/2 kg Spargel
Erdnußöl
4 Scheiben Frühstücksspeck
1 Schalotte, fein gewürfelt
30 g Butter
1/2 Tasse heller Kalbsfond (siehe S. 117)
Sojasauce
Salz, Pfeffer
1 Tomate, gewürfelt
100 g Zuckerschoten
einige Basilikumblätter

Den Spargel gut schälen. Die unteren Enden abschneiden. Den Spargel in schräge Scheiben schneiden. In der Pfanne mit Erdnußöl und den Zuckerschoten scharf anbraten. Butter, Speck und Schalottenwürfel zugeben. Einige Sekunden weiterbraten.

Wenn der Spargel etwas Farbe angenommen hat, mit dem Fond ablöschen und durchschwenken. Mit Salz, Pfeffer und Sojasauce abschmecken.

Es sollte nur so viel Fond zugegeben werden, daß er sich mit dem Bratensatz vermischt und eine leichte Sauce entsteht, die am Spargel haftet. Das Gericht bekommt dadurch einen schönen Glanz.

Auf vorgewärmten Tellern anrichten und mit den Tomatenwürfeln und dem Basilikum garnieren.

Anmerkung: Dieses Rezept ist aus der chinesischen Küche abgeleitet. Wie beim Wok-Braten sollen auch beim Braten in der Pfanne die Zutaten nur kurz gegart werden. So bleiben Vitamine und Geschmacksstoffe erhalten.

Tip: Dieses Gericht kann man z. B. auch mit Erbsenschoten, Broccoli, Blumenkohl, Sojabohnensprossen und Pilzen zubereiten.

Schwammerlstrudel mit Petersiliensauce

Für 4 Personen

500 g kleine Pfifferlinge
30 g Schalotten, fein geschnitten
50 g Butter
1 EL Petersilie, fein gehackt
Salz, Pfeffer

Für den Strudelteig:

100 g Mehl
5 cl lauwarmes Wasser
10 g Öl
1 Prise Salz
1 Eigelb

Für die Sauce:

1/4 l heller Kalbsfond (siehe S. 117)
250 g Sahne
4 EL Petersilie, gehackt
Salz, Pfeffer

Die Schalotten in Butter anschwitzen und die Pfifferlinge dazugeben. Den Saft der Pilze ganz einkochen. Die Petersilie unterrühren, mit Salz und Pfeffer abschmecken. Abkühlen lassen.

In der Küchenmaschine die Zutaten für den Strudelteig gut durcharbeiten und 1 Stunde ruhenlassen. Den Teig dünn ausrollen und auf einem bemehlten Blech so dünn wie möglich ausziehen (man sollte durch den Teig schauen können).

Die Pfifferlinge auf dem Teig auslegen und aufrollen. Die Strudel-Oberseite mit Wasser oder Eigelb einstreichen. Auf ein Backblech legen und im 220 Grad heißen Ofen 30–40 Minuten backen.

Für die Sauce den Kalbsfond mit der Sahne aufkochen und um die Hälfte einkochen. Die Petersilie zugeben und im Mixer pürieren, bis sie sich fast aufgelöst hat. Mit Salz und Pfeffer abschmecken.

Den Strudel in Scheiben aufschneiden und mit der Sauce umgießen.

Tip: Diesen Strudel kann man auch mit anderen Pilzen oder mit Gemüse machen.

Weinempfehlung: Riesling »Le Kottabe«, Josmeyer, Elsaß.

Schweinsbackerl auf Semmelknödelsalat

Für 4 Personen

4–8 Schweinebacken, ausgelöst ohne Schwarte
20 Wacholderbeeren, gehackt
600 g Wurzelgemüse
Salz, Pfeffer

Für den Knödelsalat:

1 Kopfsalat
4 Knödel vom Vortag, in Scheiben geschnitten
Essig, Öl
Petersilie, gehackt
Schnittlauch, gehackt
Radieschen, in feine Streifen geschnitten

Die Schweinebacken mit Salz, Pfeffer und gehackten Wacholderbeeren würzen. Mit dem grobgeschnittenen Wurzelgemüse anbraten und im Ofen 1 Stunde langsam fertig braten. Sie sollten außen knusprig und goldbraun sein.

Die Knödelscheiben mit Vinaigrette anmachen und auf Tellern verteilen. Ein Salatblatt daneben oder in der Mitte des Tellers. Darauf die lauwarmen in Scheiben geschnittenen Schweinebacken anrichten. Mit Radieschenstreifen garnieren.

Weinempfehlung: Trockene Weißweinschorle oder einen Bianco di Custoza, San Leone, Venetien.

Waldpilze im Pfannkuchen gebacken

Für 4 Personen

400 g Waldpilze, z. B. Pfifferlinge, Steinpilze, Morcheln, Anis-Champignons
2 Schalotten
Butter
8 dünne große Pfannkuchen (siehe S. 106)
Petersilie
Schnittlauch
4 Portionen Blattsalate
verschiedene Blüten, z. B. Kapuzinerkresse, Schnittlauchblüten, Gänseblümchen
Vinaigrette
Salz, Pfeffer

Die Pilze in kleine Stücke schneiden und mit den feingeschnittenen Schalotten anschwitzen, salzen und pfeffern und die gehackte Petersilie dazugeben.

Die Pfannkuchen in kleine eingefettete Souffléformen legen. Die Pilze einfüllen und die Pfannkuchen darüber zusammenschlagen und mit Schnittlauch zusammenbinden. Im Ofen bei nicht zu großer Hitze kroß backen.

Anrichten mit den mit der Vinaigrette angemachten Salaten und mit den Blüten garnieren.

Blutwurstgröstl mit Sauerkraut

Für 4 Personen

4 Portionsblutwürste (nicht zu trocken, nicht zu fett, gut abgeschmeckt)
600 g Sauerkraut, gekocht und abgeschmeckt
600 g feines Kartoffelpüree
200 g Zwiebeln, in Scheiben geschnitten
Mehl
Salz
mildes Paprikapulver
35 g Butterschmalz
100 ml brauner Kalbsfond (siehe S. 117)

Die Blutwurst in Scheiben schneiden und auf beiden Seiten in Butterschmalz braten, bis sie Farbe angenommen haben und innen noch saftig sind.

Die Zwiebeln mit Salz und Paprika würzen. Mehlieren. In Butterschmalz goldbraun anbraten. Dabei ständig rühren, damit die Zwiebeln nicht zusammenkleben.

Die Blutwurstscheiben mit dem Kartoffelpüree und dem Sauerkraut anrichten. Die Blutwurstscheiben mit dem gewärmten Kalbsfond übergießen. Die gebratenen Zwiebeln darauf verteilen.

Getränkeempfehlung: Ein frisch gezapftes Bier aus dem Holzfaß.

Falsche Prinzregententorte

Für 4 Personen

Für die Crêpes:

100 g Mehl
50 g zerlassene Butter
4 Eier
1/8 l Wasser
1/4 l Milch
1 Prise Salz
Butter

Für die Füllung:

400 g Champignons (oder Austernpilze)
70 g Morcheln, eingeweicht
50 g Schalotten, fein gehackt
50 g Butter
2 EL Petersilie, fein gehackt
Salz, Pfeffer

Für die Garnitur:

8 weiße Champignons
Salz, Zitrone

Für die Sauce:

1/4 l brauner Kalbsfond (siehe S. 117)
20–60 g Butter
Madeira
1 TL schwarze Trüffel, gewürfelt

Die Zutaten für die Crêpes im Mixer zu einem Teig verarbeiten. In einer Pfanne mit Butter sehr dünne Crêpes backen.

Für die Füllung die Pilze durch die mittlere Scheibe des Fleischwolfs drehen und auf einem Blech ausbreiten. Etwa 2 Stunden bei Zimmertemperatur stehenlassen, damit die Farbe dunkler wird. (Keine Zitrone oder andere Säuren verwenden, die Pilzfüllung bleibt sonst zu hell.)

In einer großen Eisenpfanne die Schalotten in Butter anschwitzen, die Pilze dazugeben und unter ständigem Rühren (mit einem Holzlöffel) garen. Den sich dabei bildenden Fond fast einkochen, die Petersilie dazugeben, noch einige Minuten köcheln, mit Salz und Pfeffer abschmecken.

Die Pilzmasse möglichst heiß auf die kalten Crêpes streichen und übereinander schichten. Die Torte mit etwa acht Lagen kalt stellen.

Mit einem kleinen Küchenmesser die Champignons für die Garnitur dekorativ zurechtschneiden. In mit Salz und Zitrone gewürztem Wasser kochen.

Für die Sauce den Kalbfond um die Hälfte einkochen und die Butter einschlagen. Mit 1 Spritzer Madeira würzen und abschmecken. Vor dem Anrichten die Trüffelwürfel in die Sauce rühren.

Die Torte in Stücke schneiden und im Mikrowellenherd (geht am besten) oder im Dämpfer mit Folie abgedeckt im Ofen erwärmen (etwa 10 Minuten). Die warmen Stücke mit der Sauce übergießen und mit den Champignonköpfen garnieren.

Weinempfehlung: Mercurey »La Framboisiere«, Faiveley, Burgund.

Gekochter Schweinsfuß mit Morcheln

Für 4 Personen

4 kg Schweinefüße
1 Bund Suppengrün
1/2 l Weißwein
500 g Crème double
20 g getrocknete Morcheln, 1 Stunde eingeweicht
50 g Butter
Sherryessig
Salz, Pfeffer
1/2 Gurke, geschält, entkernt und geschnitten
125 g geschlagene Sahne

Die Schweinefüße in kochendem Salzwasser blanchieren und mit kaltem Wasser abschrecken.

Das Suppengrün in Salzwasser aufkochen, die Schweinefüße hineingeben und etwa 3 Stunden weich kochen. Das Fleisch von den Knochen lösen, in Streifen schneiden und warm stellen.

1 Liter vom Kochfond der Schweinefüße mit dem Weißwein um die Hälfte einkochen, die Crème double dazugeben und so lange reduzieren, bis die Sauce eine cremige Konsistenz hat. Die Morcheln hineingeben und einige Minuten köcheln. Vor dem Servieren die Butter einschlagen. Mit Salz, Pfeffer und Sherryessig abschmecken. Die Gurken und Schweinefußstreifen in die Sauce geben und mit der geschlagenen Sahne verfeinern.

Weinempfehlung: San Giovese rosé, Dievole, Toskana.

Semmelknödelsoufflé mit Steinpilzen

Für 4 Personen

1 EL Schalotten, fein geschnitten
25 g Butter
125 g Sahne
1 Eigelb
4 Brötchen vom Vortag, in feine Scheiben geschnitten
1 EL gebratener Räucherspeck, fein gewürfelt
1 EL Petersilie, fein gehackt
2 Eiklar
20 g Butter
Räucherspeck, hauchdünn geschnitten
Schnittlauch, fein geschnitten

Für die Steinpilze:

1 Schalotte, fein geschnitten
Butter
300 g Steinpilze, in Scheiben geschnitten
100 ml heller Kalbs- oder Geflügelfond (siehe S. 117)
200 g Sahne
Salz, Pfeffer

Die Schalotten in Butter anschwitzen. Mit der Sahne, dem Eigelb und den Brötchenscheiben mischen. Petersilie und Speckwürfel dazugeben. 25 Minuten stehenlassen, damit das Brot gut durchzieht. Sollte der Teig sehr trocken sein, etwas Milch dazugeben. Es darf aber nur so viel sein, daß die Knödelmasse noch zusammenhält. Nicht zu oft umrühren, denn der Teig muß locker bleiben und darf nicht klebrig sein. Noch einige Minuten ruhenlassen und kruz vor dem Einfüllen in die Soufflèformen die geschlagenen Eiklar unterheben.

Souffléformen einfetten, mit den Speckscheiben den Boden der Formen auslegen (damit sich die Soufflés besser stürzen lassen) und die Knödelmasse einfüllen. In ein Wasserbad stellen und im 180 Grad heißen Ofen etwa 20 Minuten gar ziehen lassen.

Die Schalotte in Butter andünsten, die Pilzscheiben hineingeben, kurz anschwenken und sofort aus der Pfanne nehmen. Die Pfanne mit dem Fond ablöschen, die Sahne dazugießen und bei starker Hitze um etwa ein Drittel einkochen. Durch ein Sieb passieren und die Pilzscheiben wieder hineingeben. Mit dem Mixstab aufschlagen und abschmecken.

Die Soufflés auf Teller stürzen, mit der Steinpilzsauce umgießen und mit Schnittlauch garnieren.

Weinempfehlung: Pinot Bianco, Pojer & Sandri, Trentino.

Wallergröstl mit Blaumohnsauce und Blunzensoufflé

Für 4 Personen

600 g Wallerfilet, ohne Haut und Gräten
steirisches Mohnöl
Mehl
Butter
Salz, Pfeffer

Für die Blaumohnsauce:

40 g Blaumohn
2 EL Portwein oder Cream Sherry
2 EL Milch
200 ml Fischfond (siehe S. 118)
200 ml trockener Gewürztraminer
200 g Sahne
1 EL Crème fraîche
50 g Butter

Für das Blunzensoufflé:

150 g Blutwurst
75 g Butter
3 Eiklar
3 EL Weißbrotwürfel, in schaumiger Butter gebraten
Salz, Pfeffer, Muskat
1/2 EL Petersilie, gehackt
1/2 EL Majoran, gehackt

Die Wallerfilets in 2 x 2 Zentimeter große Stücke schneiden und mit dem Mohnöl einpinseln. Kurz vor dem Servieren die Filetstücke salzen und pfeffern, mehlieren und in schaumiger Butter braten.

Den Blaumohn in einer »Mohnmühle« quetschen oder mahlen und in der Milch und dem Portwein 2–3 Minuten kochen. Fischfond und Weißwein auf ein Viertel einkochen, mit der Sahne auffüllen und den cremigen Mohn hinzugeben. Die Sauce mit Crème fraîche und kalter Butter binden.

Für das Soufflé die gepellte Blutwurst und die weiche Butter in eine Küchenmaschine geben und zu einer Farce von feiner Konsistenz mixen. Mit Salz, Pfeffer, Muskat und den Kräutern abschmecken und zum Schluß die Weißbrotcroûtons und das geschlagene Eiklar unterheben. Diese Masse in eingefettete Souffléformen füllen und im Wasserbad bei etwa 160 Grad 25–30 Minuten im Ofen backen.

Dazu passen verschiedenfarbige Gemüserauten (z. B. Karotten, Sellerie, Lauch, Pastinaken, Navetten); Gemüse blanchieren und in Butter schwenken.

Anmerkung: Dieses Rezept kreierte Toni Krank. Er war Chefsaucier und Gardemanager im »Le Gourmet«. Heute ist er Pächter und Küchenchef im Restaurant »Hardthaus« in Kraiburg am Inn.

Fleischgerichte

Kartoffelchartreuse mit Ochsenschwanzfüllung

Für 4 Personen

11/2 kg Ochsenschwanz
2 Karotten
2 Zwiebeln
1 Stange Lauch
1 Sellerie
Piment
Wacholderbeeren
Lorbeerblätter
frische Kräuter, gehackt
Salz, schwarzer Pfeffer
6 mittelfeste Kartoffeln
Butterschmalz

Die Hälfte des Gemüses etwa 2 Tassen sehr feine Gemüsewürfel schneiden und weich kochen.

Den Rest des Gemüses und die Gewürze mit dem Ochsenschwanz weich kochen. Das Fleisch von den Knochen lösen.

Die Kartoffeln schälen und roh in dünne Scheiben hobeln. 4 Souffléformen einfetten und mit den Kartoffelscheiben auslegen. Den ausgelösten Ochsenschwanz mit den Gemüsewürfeln und den gehackten Kräutern vermischen und in die Formen verteilen. Mit einigen Kartoffelscheiben abdecken und im heißen Ofen backen, bis die Kartoffeln goldbraun sind.

Vorsichtig stürzen und mit kleinen in Butter geschwenkten Gemüsen und brauner Sauce servieren.

Anmerkung: Dieses Rezept kreierte Jan Rabe. Er war fünf Jahre Küchenchef im »Le Gourmet« und im »Schwarzwälder«. Heute ist er Küchenchef im Robinson Select Athénée Palace auf Djerba.

Auszogne Weißwurst mit Wirsing und Senfsauce

Für 4 Personen

Für die Weißwurst:

200 g Kalbszunge, enthäutet, gekocht, in feine Würfel geschnitten
200 g Kalbsbries, gekocht, in feine Würfel geschnitten
200 g Kalbskopf, ohne Knochen, gekocht, in feine Würfel geschnitten
300 g weiße Kalbsfarce (beim Metzger bestellen)
Salz, Pfeffer
Petersilie, gehackt
Weißwurstdarm
geriebene Schale von 1 Zitrone

Für die gebratenen Semmelknödel:

8 Brötchen vom Vortag
1/4 l Milch
2 Eier
Salz, Pfeffer, Muskat
60 g Petersilie, fein gehackt

Für den Wirsing:

1 kleiner Wirsing
2 Zwiebeln, fein geschnitten
30 g Butter
500 g Sahne
1 Schuß Weißwein
Salz, Pfeffer, Muskat

Für die Senfsauce:

200 ml heller Kalbsfond (siehe S. 117)
250 g Sahne
4 EL grober Senf (Pommery-Senf)

Alle Zutaten für die Würste vermischen und mit Hilfe eines Trichters in den Weißwurstdarm füllen. In gleich große Würste abdrehen, aber nicht durchtrennen. Die Weißwurstkette im heißen Wasser (75 Grad) 20 Minuten ziehenlassen. Vor dem Servieren die Haut abziehen.

Die Brötchen in dünne Scheiben schneiden. In einer Schüssel mit erwärmter Milch übergießen und gut einweichen. Die Eier unterrühren. Mit Salz, Pfeffer und Muskat würzen. Petersilie hinzufügen. Vorsichtig kneten. Masse auf eine Klarsichtfolie

löffeln und zu einer gleichförmigen Wurst rollen. Folie gut verschließen. Die Rolle in eine Alufolie packen und in siedendem Wasser 25 Minuten garen. Vor dem Servieren in Scheiben schneiden und in Butter anbraten.

Die Wirsingblätter in Streifen schneiden, blanchieren und in Eiswasser abschrecken. So behält der Kohl seine Farbe. Die Zwiebeln in Butter anschwitzen, Sahne und Weißwein zugießen und einkochen lassen. Wirsing zugeben und mit Salz, Pfeffer und Muskat würzen.

Für die Sauce den Kalbsfond mit Sahne einkochen. Vor dem Servieren den Senf unterrühren.

Die Weißwürste auf Tellern anrichten, mit der Sauce umgießen und mit dem Wirsing und Semmelknödeln garnieren.

Weinempfehlung: Spätburgunder, Rudolf Fürst, Franken.

Entenbrust mit Essigkirschen

Für 4 Personen

4 Entenbrüste, ausgelöst
Salz, Pfeffer
Butter

Für die Essigkirschen:

100 ml Rotweinessig
1/4 l Wasser
60 g Zucker
200 g Süßkirschen, mit Stiel und Stein
200 ml Rotwein
200 ml brauner Geflügelfond (siehe S. 117)
20 g Butter

Für die Beilage:

16 junge Karotten
8 Broccolistiele
Butter
Salz, Pfeffer

Essig mit Wasser und Zucker aufkochen. Die Kirschen in den kochenden Sud legen, abkühlen und zugedeckt einige Tage ziehen lassen.

Von den Entenbrüstchen die Haut vorsichtig ablösen und die Sehnen entfernen. Salzen und pfeffern. Von beiden Seiten in Butter anbraten, in den 75 Grad heißen Ofen stellen und 20 Minuten garen. Bei dieser Temperatur warm halten.

Für die Sauce den Rotwein mit dem Geflügelfond und 100 Milliliter Essigkirschsud aufkochen. Um die Hälfte reduzieren und die Butter einschlagen. Die Essigkirschen in der Sauce erwärmen und abschmecken.

Die Karotten blanchieren. Die Broccolistiele mit dem Messer so schälen, daß alle Fasern der Außenhaut weggeschnitten sind, in längliche Scheiben schneiden, kurz blanchieren und abtropfen lassen. Die noch knackigen Gemüse in Butter schwenken, mit Salz und Pfeffer abschmecken.

Die Entenbrüste aufschneiden, mit den Gemüse anrichten und mit der Essigkirschsauce umgießen.

Anmerkung: Für mein Rezept verwende ich die Entenhaut nicht. Man könnte sie aber in feine Streifen schneiden, salzen, in Öl knusprig braten und über das fertige Gericht streuen.

Enten-Entchen »Le Gourmet«

Für 4 Personen

4 Entenkeulen
100 g Entenleber
8 Wachteleier, gekocht und geschält
8 gehobelte Scheiben Mandeln, geröstet
8 Nelken
Salz, Pfeffer
2 l heller Geflügelfond (siehe S. 117)
Öl
Kartoffelpüree
grüne Lauchblätter

Für die Sauce:

1/4 l kräftiger, trockener Rotwein
1/8 l brauner Geflügelfond (siehe S. 117)
20 g Trüffel, gewürfelt

Die Entenkeulen mit möglichst viel Haut von den Enten lösen, damit genügend Platz zum Füllen der Keulen vorhanden ist. Den Oberschenkel- und Unterschenkelknochen auslösen.

Die Keulen mit Entenleber füllen, salzen und pfeffern. In Alufolie wickeln. Den Rand der Folie fest zusammendrehen. In den Geflügelfond geben und etwa 40 Minuten kochen.

Aus der Folie nehmen und die Keulen kurz in Öl anbraten, damit die Haut kroß wird.

Den Bratensaft der Keulen mit dem Rotwein ablöschen, die Geflügelfond dazugeben und zur gewünschten Konsistenz einkochen. Abschmecken und vor dem Anrichten die Trüffelwürfel in die Sauce rühren.

Die Enten-Entchen auf einem Ring aus Kartoffelpüree anrichten, mit der Sauce übergießen und mit einem zum Entenschwanz geschnittenen Fächer aus grünem Lauch garnieren.

In die Wachteleier jeweils 2 Nelken als Augen und 2 Mandelscheiben als Schnabel stecken. Den »Kopf« mit einem Zahnstocher auf den Entenkörper stecken.

Tip: Statt der Entenkeulen kann man auch Hähnchenkeulen nehmen.

Anmerkung: Man kann das Enten-Entchen auch im ganzen aus einer Entenkeule zubereiten, vorausgesetzt, daß der Entenfuß noch an der Keule belassen ist. Dann schneidet man den Fuß so ab, daß er wie ein Entenkopf mit Schnabel aussieht. Das ganze wird genauso gefüllt und fest in Alufolie eingewickelt.

Weinempfehlung: Rully oder Moulin-à-Vent, Frankreich.

Rinderbacke auf Zwiebelconfit

Für 4 Personen

1 kg Rinderbacken
Salz, Pfeffer
2 EL Dijon-Senf
Öl, Butter
1 Karotte, kleingeschnitten
200 g Staudensellerie, kleingeschnitten
100 g Zwiebeln, kleingeschnitten
1 Knoblauchzehe
1 EL Tomatenmark
1/2 l roter Portwein
1 l Rotwein
1 l brauner Kalbsfond (siehe S. 117)
1 Lorbeerblatt
Wacholderbeeren, zerdrückt
Pfefferkörner
1 Rosmarinzweig
1 Thymianzweig
1 Kartoffel

Für das Zwiebelconfit:

4 rote Zwiebeln, fein gewürfelt
40 g Butter
50 ml Rotwein
40 ml roter Portwein
1 EL Aceto Balsamico
100 ml reduzierter Madeira und roter Portwein
etwas Honig
Salz, Pfeffer
1 kleiner Thymianzweig

Für den Kartoffelauflauf:

500 g Kartoffeln
350 g Sahne
1 Zwiebel, fein gewürfelt
Salz, Pfeffer, Muskat
Butter

Die Rinderbacken waschen, abtrocknen und parieren. Salzen, pfeffern und mit Dijon-Senf einstreichen. In heißem Öl von allen Seiten anbraten, herausnehmen, das Fett abgießen.

In einem Topf das geschnittene Gemüse und den Knoblauch in Butter gut anrösten. Das Tomatenmark mitrösten und die Rinderbacken dazugeben. Jeweils mit einem Drittel Rotwein und einem Drittel Portwein ablöschen und einkochen. Diesen Vorgang zweimal wiederholen. Mit 1 Liter Wasser auffüllen, etwa 30 Minuten einkochen, die Gewürze und den Kalbsfond zugeben. Noch einmal etwa 25 Minuten köcheln, die roh geriebene Kartoffel einrühren, so lange köcheln, bis die Rinderbacken weich sind. Das fertige Rinderbackenfleisch herausnehmen und warm stellen, den Schmorfond durch ein feines Sieb streichen.

Für das Zwiebelconfit die roten Zwiebelwürfel in aufgeschäumter Butter anschwitzen. Mit Rotwein und Portwein ablöschen, Balsamico zugeben, etwas einköcheln. Mit Salz und Pfeffer würzen. Zum Schluß den Honig zugeben. Abschmecken mit reduziertem roten Portwein.

Für den Kartoffelauflauf die Kartoffeln schälen und in etwa 2 Millimeter dicke Scheiben schneiden, salzen und pfeffern und schichtweise in eine ausgebutterte Form geben.

Die Zwiebelwürfel in etwas Butter glasig anschwitzen, und die Sahne auffüllen, einmal aufkochen und gut mit Salz, Pfeffer und Muskat abschmecken. Das Ganze über die Kartoffeln gießen. Im vorgeheizten Ofen bei 170 Grad etwa 35 Minuten backen.

Anmerkungen: Als Beilage kann man auch Karotten, Zucchini, Kohlrabi oder Zuckerschoten servieren.

Dieses Rezept kreierte Christian Loisl. Er war Chefpatissier im »Le Gourmet«. Bis 1998 war er Küchenchef im Restaurant »Le Carat« in Ludwigsburg.

Hirschrücken mit Schokoladensauce

Für 4 Personen

4 Hirschrückenmedaillons à 150 g
1/2 l brauner Wildfond (siehe S. 117)
2 cl Aceto Balsamico
25 g Ingwer, fein gerieben
50–75 g Zartbitterschokolade
25 g Butter

Die Hirschmedaillons würzen und langsam in Butter braten, so daß das Fleisch rosa bleibt.

Den Wildfond mit dem Aceto Balsamico und dem Ingwer etwa 15 Minuten langsam köcheln und zur gewünschten Konsistenz einkochen. Langsam so viel Schokolade einrühren, daß man sie gerade schmeckt.

Mit in Butter gebratenen Fingernudeln servieren.

Anmerkung: Als ich das erste Mal den Vorschlag machte, Wild mit Schokoladensauce zu servieren, haben mich meine Mitarbeiter in der Küche für verrückt erklärt. Aber nach der ersten Probe waren sie alle begeistert.

Weinempfehlung: Spätburgunder Spätlese, Dr. Heger, Baden.

Spanferkelkoteletts mit süß-sauren Schalotten

Für 4 Personen

12 Spanferkelkoteletts ohne Haut

Für die Marinade:

1 Tasse Sojasauce
4 EL Honig
1 Zitrone, in feine Scheiben geschnitten
4 Knoblauchzehen, zerdrückt

Für die süß-sauren Schalotten:

500 g Schalotten
30 g Rosinen
30 g Korinthen
300 ml Wasser
75 g Butter
25 g Zucker
150 ml trockener Weißwein
Aceto Balsamico
4 EL eingemachte Preiselbeeren
2 Knoblauchzehen, fein gehackt oder gepreßt
Salz, Pfeffer

Die Zutaten für die Marinade gut vermischen und die Koteletts darin zugedeckt 3 Stunden marinieren.

Für die süß-sauren Schalotten Rosinen und Korinthen in Wasser einweichen. Die Schalotten in Butter und etwas Wasser bei milder Hitze andünsten. Das Wasser sollte am Schluß verdunstet sein und die Schalotten noch nicht ganz weich sein. Den Zucker zugeben und mit etwas Aceto Balsamico ablöschen. So lange unter ständigem Rühren einkochen, bis der Zucker karamelisiert. Noch etwas Essig dazugeben. Rosinen und Korinthen mit etwas Einweichwasser hinzugeben. Weißwein und Knoblauch hinzufügen und köcheln, bis die Schalotten weich sind. Die Preiselbeeren dazugeben. Noch so lange einkochen, bis alles dickflüssig ist.

Die Koteletts aus der Marinade nehmen. Abtropfen lassen, salzen und pfeffern. In Öl auf beiden Seiten gut anbraten und sofort auf den Schalotten anrichten.

Dazu paßt Basmati- oder Duftreis.

Getränkeempfehlung: Bier Royal, selbstgemacht aus Pils und Cassis.

Kleine Krautwickel

Für 4 Personen

200 g Schweinehals
3 Brötchen vom Vortag
1/4 l Milch
50 g geräuchertes Wammerl, gewürfelt
50 g Zwiebeln, fein geschnitten
2 EL Petersilie, fein gehackt
1 EL Butterschmalz
1 Ei
Salz, Pfeffer
etwas milder Paprika
1 Knoblauchzehe, gepreßt oder fein gehackt
12 hellgrüne Wirsingblätter oder kleine Spitzkohlblätter
100 ml brauner Kalbsfond (siehe S. 117)
100 ml heller Gemüsefond
3 Tomaten, enthäutet, entkernt und gewürfelt
125 g saure Sahne
1/8 l trockener Rotwein
schwarzer Pfeffer
Petersilie, gehackt

Die Brötchen in dünne Scheiben schneiden und mit der angewärmten Milch vermischen. 20 Minuten ziehen lassen.

Die Zwiebeln mit dem geräucherten Wammerl und der gehackten Petersilie in Butterschmalz andünsten. Mit dem Schweinehals und den Brötchen vermischen und durch die feine Scheibe des Fleischwolfs drehen. Das Ei unterrühren und mit Salz, Pfeffer, Knoblauch und Paprika abschmecken.

Die Wirsingblätter kurz blanchieren, mit der Hackfleischmasse füllen und kleine Röllchen formen. In eine kleine Reine legen, so daß sie gerade ausgefüllt ist. Mit dem Gemüsefond, der braunen Bratensauce, dem Rotwein, den Tomatenwürfeln und der sauren Sahne übergießen. Mit Pfeffer und Salz abschmecken. Zugedeckt im Ofen bei 220 Grad etwa 45 Minuten garen.

Mit gehackter Petersilie bestreuen und am besten mit Kartoffelpüree servieren.

Weinempfehlung: Ein markanter Cabernet-Sauvignon, z. B. Château de Rey, Bordeaux.

Gefüllter Kalbsschwanz mit Koriander-Linsen

Für 4 Personen

1 kg Kalbsschwänze
300 g Röstgemüse
2 EL Tomatenmark
15 g Pimentkörner
10 g Wacholderbeeren
20 g schwarze Pfefferkörner
1 Lorbeerblatt
1 Salbeizweig
1 Thymianzweig
1/2 l Rotwein
200 ml Madeira
1 l brauner Kalbsfond (siehe S. 117)
4 EL Olivenöl
Salz, Pfeffer

Für die Füllung:

200 g Kalbsbries
200 g Kalbsnieren
150 g Kalbsleber
Mehl
8 Scheiben Toastbrot ohne Rinde, gewürfelt, angeröstet
120 g Schalotten, gewürfelt
100 g glatte Petersilie, gehackt
2 Eier
3 EL Olivenöl
50 g Butter
Salz, Pfeffer
200 g Schweinenetz

Für die Koriander-Linsen:

200 g rote Linsen
30 g Karotten, gewürfelt
30 g Lauch, gewürfelt
30 g Sellerie, gewürfelt
100 g Kartoffeln, gewürfelt
50 g Bauchspeck, gewürfelt
1 Schalotte, gewürfelt
12 Knoblauchzehen
4 cl Noilly Prat
200 ml heller Kalbsfond (siehe S. 117)
1 Bund Korianderkraut, in feine Streifen geschnitten
40 g Butter

Die Kalbsschwänze salzen und pfeffern, in heißem Öl scharf anbraten, das Röstgemüse zugeben und so lange mitrösten, bis es Farbe bekommt. Das Tomatenmark zufügen und kurz mitrösten, die Gewürze zugeben. Mit etwas Rotwein ablöschen. Diesen Vorgang 2–3 mal wiederholen, bis der Rotwein stark reduziert ist. Mit dem Kalbsfond und dem Madeira auffüllen und bei milder Hitze etwa 2 Stunden köcheln. Die Kalbsschwänze vom Knochen lösen. Den Fond passieren und einkochen.

Für die Füllung Kalbsbries, Nieren und Leber von Häuten und Sehnen befreien und in Mehl wenden. Öl und Butter in einer Pfanne erhitzen und die Innereien kroß anbraten, die Schalotte kurz mitdünsten und alles auf einem Sieb abtropfen lassen. Mit den restlichen Zutaten vermengen und mit Salz und Pfeffer abschmecken.

In einen Ausstechring von 8 Zentimeter Durchmesser ein Schweinenetz (gewässert und ausgedrückt) einlegen und an den Rand das Fleisch von den Kalbsschwänzen arrangieren. Die Füllung hineingeben, das Schweinenetz darüberschlagen und den Ring entfernen. Die Kalbsschwanzpakete vorsichtig von beiden Seiten anbraten und 10 Minuten in den vorgeheizten 180 Grad heißen Ofen schieben.

Die Linsen mit Wasser bedecken und etwa 30 Minuten einweichen. Die Gemüse- und Speckwürfel in der Butter glasig dünsten, die Linsen beigeben und mit Noilly Prat ablöschen. Mit dem Kalbsfond aufgießen und so lange bei milder Hitze köcheln, bis die Kartoffeln und Linsen gar sind, gegebenenfalls etwas Wasser zugießen. Mit der Butter zur gewünschten Konsistenz aufschlagen und die Korianderkrautstreifen untermengen und abschmecken.

Die heißen Linsen in der Mitte der Teller anrichten, die Kalbsschwanzpakete darauflegen, mit dem Fond übergießen und mit Korianderkraut garnieren.

Anmerkung: Dieses Rezept kreierte Manfred Heissig. Er war Küchenchef im »Le Gourmet«. Bis 1998 war er Küchenchef im Restraurant »Borchardt« in Berlin.

Krautwickel vom Lamm mit Ratatouille

Für 4 Personen

400 g Lammrücken, ausgelöst und pariert
1/2 Wirsing- oder Weißkohl, blanchiert
Salz, Pfeffer
Butter
100 ml brauner Lammfond (siehe S. 117)
frische Kräuter nach Angebot, fein gehackt
1/4 l Lammjus

Für die Farce:

70 g Schweinehals
70 g Lammkeule
50 g Lammnieren, gewürfelt und kurz angebraten
50 g Kalbsbries, gewürfelt und gekocht
Salz, Pfeffer

Für die Ratatouille:

1 kleiner roter Paprika, gewürfelt
1 Aubergine, gewürfelt
1 Zucchini, gewürfelt
2 Tomaten, gewürfelt
3 Schalotten, fein geschnitten
Olivenöl
Thymian
Knoblauch
Rosmarin
Salz, Pfeffer

Für das Gratin dauphinois:

5–6 mittelgroße, mehlige Kartoffeln
400 g Sahne
1 Knoblauchzehe
Muskat
Salz

Für die Farce Schweinehals und Lammkeule zweimal durch die feine Scheibe des Fleischwolfs drehen. Mit Salz und Pfeffer abschmecken, Nieren- und Brieswürfel dazugeben.

Die in Salzwasser blanchierten Kohlblätter flach auslegen und mit der Farce dünn bestreichen. Den leicht gewürzten Lammrücken auf die Blätter legen und vorsichtig einschlagen.

Die Krautwickel in Butter anbraten und im 150 Grad heißen Ofen etwa 12 Minuten rosa braten. Während der Bratzeit mehrmals mit Lammjus begießen.

Die Lammsauce aufkochen und passieren, die frischen Kräuter einrühren und mit Salz und Pfeffer abschmecken.

Für die Ratatouille die Schalotten in Olivenöl andünsten. Die Gemüsewürfel und die Gewürze dazugeben und leicht schmoren. Vor dem Anrichten die Gewürze entfernen.

Für das Gratin die Kartoffeln schälen und in dünne Scheiben schneiden. Eine Gratinform mit Knoblauch kräftig ausreiben. Die Kartoffelscheiben mit Salz und etwas Muskat würzen und gleichmäßig in die Form schichten. Mit der Sahne übergießen und im 200 Grad heißen Ofen etwa 45 Minuten backen. Wenn die Oberfläche goldbraun ist, die Hitze reduzieren.

Tip: Man kann die Krautwickel am Tag zuvor vorbereiten.

Weinempfehlung: Ein rassiger Bordeaux, z. B. Château Cos d'Estournel.

Gesurte Lammhaxe

Für 4 Personen

8 Haxen von jungen Lämmern mit Knochen à 150 g
Öl
100 g Sellerie, gewürfelt
100 g Karotten, gewürfelt
100 g Zwiebeln, gewürfelt
100 g Petersilienwurzel, gewürfelt
2 Tomaten
1/4 l Rotwein
1/4 l brauner Lammfond (siehe S. 117)
3 Knoblauchzehen
4 Wacholderbeeren
1 Lorbeerblatt
1 kleines Bund Thymian
1 Rosmarinzweig
einige Pfefferkörner, zerdrückt

Für die Pökellake:

5 l Wasser
500 g Pökelsalz

Für die Garnitur:

50 g Karotten
50 g Sellerie
50 g rote Bete
Butter
Salz, Pfeffer

Das Pökelsalz im Wasser auflösen und die Haxen 6 Tage in die Lake legen. Herausnehmen und 1 Tag wässern.

Die Gemüse für die Garnitur in Perlen ausstechen und in Salzwasser blanchieren.

Die Haxen rundherum in Öl gut anbraten. Wenn sie Farbe angenommen haben, das Gemüse und den Knoblauch dazugeben. Weiterrösten und dabei mehrmals umrühren. Die Tomaten zugeben, und wenn alles braun geworden ist, mit dem Rotwein ablöschen. Den Bratensatz vorsichtig vom Boden lösen, den Lammfond und die Gewürze dazugeben. Die Haxen etwa 2 Stunden im Ofen schmoren, dabei hin und wieder mit dem Bratenfond übergießen. Sollte der Fond zu stark einkochen, etwas Wasser nachgießen. Wenn die Haxen weich sind, sollte auch die Sauce die richtige, sirupähnliche Konsistenz haben. Die Haxen herausnehmen und die Sauce passieren.

Die Gemüseperlen in Butter schwenken und würzen.

Je 2 Haxen über Kreuz anrichten, mit der Sauce umgießen und mit den Gemüseperlen bestreuen.

Weinempfehlung: Ein kräftiger Rotwein, z. B. ein Pavillon de Bellevue, Bordeaux.

Gefüllte Spanferkelbrust in Dunkelbiersauce

Für etwa 6 Personen

1 Spanferkelbrust, 1,7–2 kg
4–5 Brötchen vom Vortag
300–400 ml Milch
100 g Kalbsbries, gewürfelt
5 Eier
4 Schalotten, gewürfelt
das Hellgrüne von 1 Stange Lauch, gewürfelt
1 kg Röstgemüse
1/2 l dunkles Bier
30 g Butter
Knoblauch
5 EL Frühlingskräuter (Kerbel, Schnittlauch, Kresse, Petersilie, Liebstöckel), fein gehackt
Salz, Pfeffer

In die Spanferkelbrust eine Tasche schneiden, waschen, trockentupfen, innen und außen salzen und pfeffern.

Die Brötchen in kleine Würfel schneiden und mit der heißen Milch übergießen und ziehen lassen.

Die Schalotten mit dem Lauch und dem Knoblauch in Butter andünsten und über die Brotmasse geben, die Eier und die in Butter angeschwitzten Kalbsbrieswürfel unterrühren. Die Kräuter zugeben und die Masse nochmal abschmecken.

Die Füllung in die Spanferkelbrust geben und mit Küchengarn zunähen oder mit Holzspießen verschließen. Die Spanferkelbrust auf Röstgemüse und etwa 1/4 Liter Wasser in eine Bratreine geben und im Ofen bei 200 Grad etwa 45 Minuten braten. Dabei öfter mit dunklem Bier übergießen.

Das Fleisch herausnehmen und ruhenlassen. Den Bratensaft durch ein Sieb passieren und einkochen. Nochmal durch ein Sieb passieren und über die aufgeschnittenen Scheiben gießen.

Dazu paßt glaciertes Bayerisches Kraut, das sich sehr gut mit der etwas süßlichen Dunkelbiersauce ergänzt.

Anmerkung: Dieses Rezept hat Anna Schwarzmann kreiert. Sie war Chef Poissonier im »Le Gourmet«. Heute ist sie Küchenchefin im Gasthof Widmann in Überacker bei München.

Lammrücken »Himmel und Erde«

Für 4 Personen

600 g Lammrücken, ausgelöst und pariert
75 g Kaffeebohnen
100 g Toastbrot ohne Rinde
Salz, Pfeffer
Butter oder Öl

Für die Sauce:

150 g dunkler Lammfond (siehe S. 117)
20 g Kaffeebohnen, zerdrückt
4 cl kräftiger, trockener Rotwein
4 cl frischer Orangensaft
25 g Butter

Für Himmel und Erde:

6 kleine, feste Äpfel
Zucker
400 g Kartoffelpüree
4 Blätter Zitronenmelisse

Für die Gemüsegarnitur:

200 g Sellerie, in Stücke geschnitten
200 g Karotten, in Stücke geschnitten
2 dünne Scheiben Parmaschinken
Fleischbrühe
Butter

Aus dem Lammrücken 4 gleich große Medaillons schneiden und leicht platt klopfen.

Das Toastbrot in der Küchenmaschine fein hacken und mit den zerdrückten Kaffeebohnen vermischen.

Die Medaillons salzen, pfeffern und mit der Kaffee-Weißbrot-Mischung panieren. In geklärter Butter oder Öl anbraten und im Ofen bei etwa 75 Grad einige Minuten warm stellen.

Von 4 Äpfeln den Deckel abschneiden und aushöhlen. Äpfel und Deckel in leicht gezuckertem Wasser kochen und beiseite stellen. Die anderen beiden Äpfel schälen, vierteln und entkernen. In leicht gezuckertem Wasser kochen. Pürieren und mit dem Kartoffelpüree vermischen. Diese Mischung in die 4 Äpfel füllen und warm stellen.

Die Lammsauce mit den zerdrückten Kaffeebohnen aufkochen, Rotwein und Orangensaft dazuge-

ben. Einkochen. Zum Schluß die Butter in kleinen Flocken mit dem Schneebesen unterrühren. Warm stellen.

Für die Gemüsegarnitur das Gemüse kochen. Den Sellerie in Parmaschinken einwickeln und im Ofen oder Salamander kroß backen. Die gekochten Karotten mit etwas Fleischbrühe und Butter glacieren.

Die gefüllten Äpfel und die Lammrückenmedaillons anrichten und mit je 1 Stück Sellerie und 1 Karotte garnieren. Die Medaillons mit der Lammsauce umgießen. Die Äpfel mit je 1 Blatt Zitronenmelisse garnieren.

Anmerkung: Zu diesem Gericht hat mich mein Freund Jean-Marie Meulien inspiriert. Er war viele Jahre Küchenchef im legendären Restaurant »L' Oasis« in La Napoule.

Weinempfehlung: Ein nicht zu reifer Spätburgunder oder Pinot Noir, z. B. Clos de la Roche, Domaine Dujac, Burgund.

Panierte Lammkoteletts

Für 4 Personen

12 Lammkoteletts
Paniermehl
Butter

Für das Bohnensavarin:

300 g weichgekochte grüne Bohnenkerne
100 g TK Erbsen
2 Schalotten, fein geschnitten
1 Knoblauchzehe
2 Eier
100 g Sahne
Salz, Pfeffer
40 g Butter

Für das Paprikaragout:

250 g roter Paprika, geschält und gewürfelt
1 Schalotte
1 Knoblauchzehe
Butter

Für die Sauce:

1/4 l brauner Lammfond, stark reduziert (siehe S. 117)
250 g Sahne (oder Crème double)
6 Knoblauchzehen, sehr fein geschnitten
1 Bund Schnittlauch, fein geschnitten
Salz, Pfeffer

Für das Bohnensavarin die Schalotten und Knoblauch in Butter anschwitzen. Erbsen und Bohnenkerne einige Minuten dazugeben. Mit den Eiern in der Küchenmaschine pürieren. Sahne unterrühren und mit Salz und Pfeffer abschmecken. In eingefettete Savarinformen füllen und im Wasserbad im Ofen gar ziehen lassen.

Für das Paprikaragout den Paprika mit den Schalotten und dem Knoblauch in Butter anschwitzen.

Die Lammkoteletts im Paniermehl wenden und in Butter goldgelb braten.

Für die Sauce den Lammfond mit Sahne und Knoblauch kochen. Mit Salz und Pfeffer abschmecken. Durch ein Sieb passieren und den feingehackten Schnittlauch dazugeben.

Das Bohnensavarin in die Mitte der Teller stürzen und mit dem Paprikaragout füllen. Die Lammkoteletts um das Savarin geben und mit der Sauce umgießen.

Weinempfehlung: Ein herber Bordeaux, z. B. Château Clarke, Baron Edmond de Rothschild.

Lammrücken mit Senfkruste und Gemüsegratin

Für 4 Personen

600 g Lammrücken, ohne Knochen
1–2 EL Mehl
1–2 Eier
50 g Senfkörner, gemörsert oder grob gemahlen
4 TL Paniermehl
2 EL Butter
Salz, Pfeffer

Für die Sauce:

1/4 l Lammfond (siehe S. 117)
1/8 l trockener Rotwein
25 g Butter
1–2 Knoblauchzehen, gepreßt
2 EL Basilikum, fein gehackt
2 EL Thymian, fein gehackt

Für die Beilage:

3 mittlere Kartoffeln, geschält, in dünne Scheiben geschnitten
1 Zucchini, in dünne Scheiben geschnitten
2 Tomaten, in dünne Scheiben geschnitten
1 Knoblauchzehe
Butter
Milch
1–2 EL Thymian, fein gehackt
1–2 EL Basilikum, fein gehackt
Salz, Pfeffer

Eine Gratinform mit der Knoblauchzehe und mit Butter ausreiben. Die Kartoffelscheiben außen und die Zucchini- und Tomatenscheiben in der Mitte der Gratinform einschichten. Mit Salz und Pfeffer abschmecken und mit der Milch auffüllen, so daß die Kartoffeln knapp bedeckt sind. Im vorgeheizten Ofen bei 200 Grad etwa 45 Minuten backen. Zum Ende der Backzeit mit Thymian und Basilikum bestreuen.

Den Lammrücken salzen und pfeffern, mit Mehl bestäuben und durch die verquirlten Eier ziehen. Die Senfkörner und das Paniermehl mit der Butter mischen. Den Lammrücken damit bestreuen und fest andrücken. Von allen Seiten in Butter goldbraun anbraten. Warm stellen.

Für die Sauce den Lammfond mit dem Rotwein um die Hälfte reduzieren. Die Butter in kleinen Stücken zugeben und mit dem Schneebesen einrühren. Die Sauce mit Knoblauch und den Kräutern abschmecken und nach Geschmack salzen und pfeffern.

Das Gemüsegratin in der Tellermitte anrichten, den aufgeschnittenen Lammrücken dazugeben und mit der Sauce umgießen.

Weinempfehlung: Ein herber roter Bordeaux, z. B. Château Cure bon de la Madeleine, St. Emilion.

Gebeizte Schälripperl

Für 2 Personen

800 g Schälrippchen vom Schwein
2–3 festkochende, längliche Kartoffeln
Öl

Für die Marinade:

50 g Sojasauce
30 g Honig
5 Knoblauchzehen
1 Zitrone
Salz, Pfeffer

Die Schälrippchen auseinanderschneiden. Vom Rippenende die dünne Fleischseite bis zur Mitte einschneiden und ablösen. Freilegen. Zurückbiegen und mit dem Fleischrest (der anderen Hälfte) mit einem Holzspieß zusammenspießen.

Die Zutaten für die Marinade mischen und abschmecken.

Die Schälripperl in die Marinade tauchen und auf ein Backblech legen und im Ofen bei 200 Grad backen, bis sie braun sind.

Die Kartoffeln mit Schale in längliche Ecken schneiden und in Öl anbraten. Im Ofen fertig braten.

Die Schälripperl aus dem Ofen nehmen, die Enden in Alufolie wickeln und mit den Kartoffeln anrichten.

Dazu paßt eine Kräutersauce aus Quark, Joghurt und Kräutern, Salz und Pfeffer.

Getränkeempfehlung: Ein Pils.

Gespickte Ochsenbrust

Für 6–8 Personen

1 gut abgelagerte Ochsenbrust, 1–1,3 kg
6 Debrecziner
Suppengemüse
2 Lorbeerblätter
Salz, Pfeffer
Schnittlauch, fein geschnitten

Für das Rosenkohlpüree:

1 kg Rosenkohl
250 g Sahne
Butter
50 g Speck, fein gewürfelt
1 Bund Petersilie
Salz, Pfeffer

Für die Meerrettichsauce:

1/2 l Fleischbrühe
500 g Sahne
1/8 l trockener Sherry
30–50 g geriebener Meerrettich
10 Wacholderbeeren, zerdrückt
Salz, Pfeffer

Für die Rösti:

1 kg nicht zu mehlige Kartoffeln, in der Schale gekocht
300 g Fenchel, gekocht
50 g Zwiebeln, fein geschnitten

Die Ochsenbrust mit einem spitzen, langen Messer längs zur Faser einstechen, so daß sie mit den Debrecziner Würstchen gespickt werden kann. Mit Wasser und den anderen Zutaten zum Kochen bringen und bei geringer Hitze gut weich ziehen lassen (je nach Fleischqualität 2–4 Stunden).

Für die Sauce Sahne, Brühe, Sherry und die Wacholderbeeren um zwei Drittel einkochen lassen. Salzen und pfeffern und mit einem Pürierstab aufschlagen. Passieren und mit frisch geriebenem Meerrettich abschmecken.

Für die Rösti die geschälten, kalten Kartoffeln mit einer Röstireibe oder Raffel (mittelgrob und lang) reiben. Den gekochten Fenchel halbieren, in feine Streifen schneiden und locker mit den Kartoffeln vermischen und die angeschwitzten Zwiebeln da-

zugeben. Salzen und pfeffern. In kleinen Teflonpfannen auf beiden Seiten goldbraun backen.

Für das Rosenkohlpüree den Rosenkohl in Salzwasser blanchieren. Durch die mittlere Scheibe des Fleischwolfs drehen. Mit Sahne und Butter erwärmen. Die kroß gebratenen Speckwürfel und die Petersilie dazugeben, mit Salz und Pfeffer abschmecken.

Die Ochsenbrust quer zur Faser in Scheiben schneiden und anrichten. Mit der Sauce halb umgießen und mit den Rösti und dem Rosenkohlpüree garnieren. Reichlich Schnittlauch über die Sauce streuen.

Getränkeempfehlung: Köstritzer Schwarzbier oder ein herbes Dunkles.

Tafelspitz mit Meerrettichsauce

Für 4–6 Personen

800–1000 g Tafelspitz (von einem Ochsen, gut abgelagert)
Petersilie, fein gehackt

Für das Suppengrün:

100 g Zwiebeln
100 g Lauch
100 g Sellerie
100 g Karotten
Wurzelwerk: 250 g Lauch, Sellerie, Karotte, Zwiebeln, in feine Streifen geschnitten
2 Lorbeerblätter
einige Pfefferkörner, zerdrückt

Für die Sauce:

1/2 l von der Rinderbrühe (Tafelspitz)
500 g Sahne
2–3 EL feingeriebener Meerrettich
Salz, Pfeffer
Zitronensaft

Den Tafelspitz in gesalzenem Wasser aufsetzen. Das Fleisch muß gut bedeckt sein. Zwiebeln, Lauch, Sellerie, Karotten, Lorbeer und die Pfefferkörner zugeben. Aufkochen. Nach einigen Minuten abschäumen. Etwa 2 1/2 Stunden köcheln lassen, bis das Fleisch weich ist. Warm halten.

Das feingeschnittene Wurzelwerk in etwas Brühe weich kochen.

Für die Sauce die Rinderbrühe mit der Sahne bei starker Hitze um die Hälfte einkochen, bis die Sauce die gewünschte Konsistenz hat. Meerrettich zugeben und mit Salz und Pfeffer abschmecken. Nach Geschmack 1 Spritzer Zitronensaft beigeben.

Den noch heißen Tafelspitz in nicht zu dünne Scheiben schneiden und mit der Sauce übergießen. Die kurz in Butter geschwenkten heißen Gemüsestreifen darauf anrichten. Mit gehackter Petersilie garnieren.

Dazu passen Bratkartoffeln und Blattspinat.

Weinempfehlung: Bürgstädter Centgrafenberg, Spätburgunder, trocken, Rudolf Fürst.

Gefüllter Ochsenschwanz

Für 4 Personen

1 Ochsenschwanz

Für die Füllung:

200 g feines, weißes Kalbsbrät (vom Metzger)
100 g Sahne
1 Brötchen vom Vortag, fein gewürfelt
Olivenöl

Für die Sauce:

Ochsenschwanzknochen, in 3 cm große Würfel geschnitten
100 g Zwiebeln, in 3 cm große Würfel geschnitten
100 g Karotten, in 3 cm große Würfel geschnitten
100 g Sellerie, in 3 cm große Würfel geschnitten
2 Knoblauchzehen
1–2 Tomaten
1 Flasche Rotwein
6 Pfefferkörner, zerdrückt
Rosmarin
Thymian
Lorbeerblätter
Wacholderbeeren
Salz, Pfeffer
Butter

Für den Knoblauch:

2 junge Knoblauchknollen
Salz
Butter

Den Ochsenschwanz von der unteren Seite her der Länge nach auslösen. Vorsichtig schneiden, es dürfen keine Löcher entstehen. Am besten eignet sich ein Ausbein- oder kleines Küchenmesser. Den ausgelösten Ochsenschwanz mit der Außenseite nach unten so auf die Arbeitsplatte legen, daß ein spitzwinkliges Dreieck entsteht.

Für die Füllung die Sahne langsam und vorsichtig unter das Kalbsbrät rühren, zum Schluß die Brötchenwürfel dazugeben und noch einmal kräftig durchrühren. Auf den ausgelösten Ochsenschwanz auftragen: dort, wo die dickeren Knochen waren,

mehr Farce; zur Schwanzspitze hin die Füllung dünner auftragen. Den Ochsenschwanz zusammenrollen und zu seiner ursprünglichen Form zusammenbinden.

In eine schwere Kupferbratform (so groß, daß Gemüse, Knochen und Fleisch gerade hineinpassen) den Ochsenschwanz und die Knochenwürfel geben. In Olivenöl im 230 Grad heißen Ofen anbraten, bis alles hellbraun ist. Die Gemüsewürfel dazugeben und mehrmals umrühren. Mit dem Rotwein ablöschen, den Bratensatz vom Boden lösen und den Topf bis zur Höhe des Ochsenschwanzes mit Wasser auffüllen. Kräuter und Gewürze dazugeben und schmoren. Dabei das Fleisch immer wieder begießen, mehrmals drehen und die Sauce umrühren. Die Hitze dosieren, damit der Ochsenschwanz nur leise köchelt. Wenn sich an der Oberfläche viel Fett absetzt, mit einem Löffel hin und wieder abschöpfen. Nach 3 Stunden sollte der Ochsenschwanz weich sein. Herausnehmen, in Alufolie wickeln und warm stellen. Die Sauce durch ein Tuch passieren und auf einen Viertelliter einkochen. Vor dem Anrichten etwas Butter einrühren und abschmecken.

Den frischen Knoblauch schälen und in etwas Salzwasser dreimal blanchieren. Das Wasser dabei jedesmal wechseln, damit der Knoblauch an Schärfe verliert. Die Knoblauchzehen in Butter goldbraun braten.

Den Ochsenschwanz vorsichtig aufschneiden, damit die Scheiben nicht auseinanderfallen (am besten mit dem Elektromesser). Die Scheiben mit dem Knoblauch anrichten und mit der Sauce umgießen.

Mit ausgestochenem, blanchiertem Gemüse, das kurz in Butter glasiert wurde, garnieren.

Weinempfehlung: Barolo Riserva, Livio Pavese, Piemont.

Rehpfeffer mit Gorgonzola-Ravioli

Für 4 Personen

600 g Rehkeule, ohne Haut und Sehnen, in 2–3 cm große Würfel geschnitten
Salz, Pfeffer
Butter

Für die Sauce:

1 kg Rehknochen, in 3–4 cm große Würfel geschnitten
1 TL Stärkemehl
100 g Karotten, fein gewürfelt
100 g Sellerie, fein gewürfelt
100 g Zwiebeln, fein gewürfelt
2 Tomaten, enthäutet, entkernt, in Stücke geschnitten
1/2 l trockener Rotwein
2 l Wasser
Rosmarin
Thymian
1 Lorbeerblatt
Wacholderbeeren
1 TL Senf

Für die Ravioli:

200 g Mehl
50 g Hartweizengrieß
1 EL Erdnußöl
1 Prise Salz
5 EL Wasser
100 g Gorgonzola
100 g Blattspinat, gedämpft
1–2 Knoblauchzehen, fein gehackt
Salz, Pfeffer

Für die Sauce die Knochen anbraten, mit dem Mehl bestäuben, die Karotten, den Sellerie und die Zwiebeln dazugeben und braun rösten. Dabei ständig rühren, damit die Knochen nicht anbrennen. Die Tomaten zugeben und einige Minuten unter Rühren rösten. Mit dem Rotwein ablöschen und mit dem Wasser auffüllen. Die Kräuter, das Lorbeerblatt und die Wacholderbeeren in den Fond geben und etwa 2 Stunden langsam kochen. Hin und wieder umrühren.

Den Fond durch ein feines Tuch passieren und stark reduzieren lassen. Den Senf zufügen und abschmecken.

Für die Ravioli aus Mehl, Hartweizengrieß, Öl, Salz und Wasser einen festen Nudelteig kneten. Nur so viel Wasser zugeben, daß der Teig zäh und trocken bleibt. Einige Stunden ruhenlassen.

Den Teig mit einer Nudelmaschine so dünn wie möglich ausrollen und Vierecke ausstechen. Den Gorgonzola mit dem grob gehackten Spinat mischen. Die Masse mit Knoblauch, Salz und Pfeffer würzen. Davon je 1 Teelöffel auf eine Ecke der Nudelvierecke geben. Den Rand mit Eigelb bestreichen und so zusammenfalten, daß dreieckige Ravioli entstehen.

Für den Rehpfeffer die Rehfleischwürfel anbraten. Salzen und pfeffern. Etwa 15 Minuten ziehen lassen. Sie sollen noch rosa sein. In der Sauce warm stellen.

Vor dem Anrichten die Ravioli in Salzwasser 3 Minuten kochen.

Die Sauce auf die Teller verteilen. 1–2 Ravioli in die Mitte geben und die Fleischstücke ringsherum anrichten.

Weinempfehlung: Ein trockener Côtes du Rhônes, z. B. St. Joseph »Le Grand Pompee«, Jaboulet.

Rinderzwerchfell auf Blattspinat

Für 4 Personen

1 kg Rinderzwerchfell (Kronfleisch)
800 g Kartoffeln, geschält und in 1 cm große Würfel geschnitten 100 g Karotten, fein gewürfelt
100 g Sellerie, fein gewürfelt
100 g Lauch, fein gewürfelt
100 g Zwiebeln, fein gewürfelt
100 g Petersilienwurzel, fein gewürfelt
2 l Rinderbrühe
400 g Blattspinat
1 Knoblauchzehe, fein gehackt
4 EL Meerrettich, gerieben
1 Bund Schnittlauch, fein geschnitten

Das Zwerchfell 2 Minuten in kochendem Wasser blanchieren. Dann in kaltes Wasser legen und waschen. Einen Teil der Rinderbrühe aufsetzen und das Zwerchfell langsam darin zum Kochen bringen. 15–20 Minuten köcheln lassen. In der Brühe warm stellen.

Die Kartoffeln mit dem Gemüse in der restlichen Brühe weich kochen. Eventuell noch Wasser zugeben. Die Bouillonkartoffeln kann man mit Bärlauch, Kümmel oder Majoran würzen.

Den Blattspinat in Butter mit etwas Knoblauch und 1 Löffel Brühe kochen.

Auf tiefen Tellern den Blattspinat anrichten, darauf das Zwerchfell und drumherum die Bouillonkartoffeln. Mit frischem Meerrettich und Schnittlauch bestreuen.

Weinempfehlung: Würzburger Stein, Grauburgunder, Spätlese trocken.

Rehrücken mit schwarzen Nüssen

Für 4 Personen

600 g Rehrücken, pariert
Salz, Pfeffer
70 g Butter
1/8 l Rotwein
1/8 l brauner Wildfond (siehe S. 117)
3 EL Einmachfond der Nüsse
Rotweinessig
8 schwarze Nüsse

Für die Fingernudeln:

250 g Kartoffeln, am Vortag gekocht
70 g Mehl
30 g Grieß
1 Eigelb
1 Ei
zerlassene Butter
Muskat
Salz, Pfeffer
Butter

Für die Beilage:

1 rote Bete, gekocht und in Achtel geschnitten
1 kleiner Sellerie, gekocht und in Achtel geschnitten
8 Zuckerschoten, blanchiert
25 g Butter
Salz, Pfeffer

Für dieses Gericht müssen Sie die Nüsse im Sommer schon vorbereiten: Sie brauchen grüne Walnüsse, die innen noch keine harte Schale gebildet haben. Normalerweise gibt es diese Nüsse in der ersten Julihälfte, in einem warmen Sommer aber auch schon Ende Juni.

Die olivengroßen Nüsse mit einer Nadel etwa zehnmal einstechen, in kaltes Wasser legen und für 12 Tage kühl stellen. In dieser Zeit das Wasser täglich wechseln; die Nüsse werden im Lauf der Zeit schwarz. Die Nüsse in mit Rotweinessig abgeschmecktem Läuterzucker weich kochen, mit dem Läuterzucker in Einmachgläser füllen und mit Folie abdecken. Die Folie mit einem Gummiring befestigen und die Gläser kühl aufbewahren.

Den Rehrücken in 8 Medaillons schneiden, salzen, pfeffern und in 40 Gramm Butter rosa braten. Den Bratensatz der Medaillons mit dem Rotwein ablöschen, den Wildfond und den Einmachfond der Nüsse zugeben. Zur gewünschten Konsistenz einkochen, durch ein Haarsieb passieren und 30 Gramm Butter einschlagen. Mit Salz, Pfeffer und 1 Spritzer Himbeeressig abschmecken.

Für die Fingernudeln die Kartoffeln schälen und durch die Presse drücken. Das Püree mit Mehl, Grieß und Eigelb verkneten. Die zerlassene Butter untermischen, und wenn der Teig zu trocken ist, noch 1 Ei zugeben. Mit Salz, Pfeffer und Muskat abschmecken. Den Teig in Stücke schneiden, Fingernudeln formen, in Butter braten.

Die Gemüse in Butter schwenken und abschmecken.

Weinempfehlung: Ein milder Burgunder, z. B. Pommard Ier Cru, Jarollieres, Domaines de La Pousse d'Or.

Käse und Desserts

Apfelpfannkuchen mit Preiselbeersauce

Für 4 Personen

4 Äpfel, geschält, entkernt, in kleine Spalten geschnitten
4 EL Mehl
4 Eier
4 EL Milch
4 EL Öl
1 EL Zucker
Butter
Puderzucker

Für die Preiselbeersauce:

200 g frische Preiselbeeren
100 g Zucker
4 cl Portwein und/oder Fruchtschnaps
150 g Crème fraîche

Für die Preiselbeersauce die Preiselbeeren mit dem Zucker leicht erhitzen, Portwein zugeben und erkalten lassen. Die Crème fraîche unterrühren.

Mehl, Eier, Milch, Öl und Zucker zu einem Teig verquirlen.

Butter in einer Pfanne erhitzen. Ein Viertel der Apfelspalten in die Pfanne geben, ein Viertel des Teiges darübergeben und von beiden Seiten goldbraun backen. Warm stellen. Die restlichen drei Apfelpfannkuchen genauso zubereiten.

Die Pfannkuchen mit Puderzucker bestreuen und auf Preiselbeersauce anrichten.

Anmerkung: Dieses Rezept kreierte Bernd Büdel. Er war Chefsaucier im »Le Gourmet«. Heute ist er Inhaber und Küchenchef im Restaurant Büdel im Hotel am Doktorplatz in Rheda-Wiedenbrück.

B'soffne Jungfern

Für 4 Personen

6 Eier
150 g Zucker
etwas abgeriebene Zitronenschale
160 g Mehl
Backfett
1/2 l Weißwein
2 Zimtstangen
4 Nelken
2 Zitronenscheiben

Für das Sabayon:

4 Eigelb
10 cl Grand Marnier
Zucker

Für die Rotweinbirnen:

4 Birnen
1/2 l Rotwein
Zucker
Zimt
10 cl Cassislikör

Das Eigelb mit Zucker und Zitronenschale schaumig rühren. Das steif geschlagene Eiklar unterheben. Löffelweise das Mehl einrühren. Mit Hilfe eines langstieligen Löffels kleine Teigmengen in heißes Backfett gleiten lassen und schwimmend goldbraun backen. Zum Abtropfen auf Küchenkrepp legen.

Wein mit Zimtstangen, Nelken und den Zitronenscheiben erhitzen und 10 Minuten vor dem Anrichten über das Backwerk gießen.

Eigelb, Grand Marnier und Zucker langsam im Wasserbad zu einem Sabayon schlagen.

Die Birnen schälen, aber den Stiel nicht entfernen. Von unten das Kernhaus herausschneiden. Rotwein mit Zucker, Zimt und Cassislikör abschmecken und die Birnen darin weich kochen und über Nacht ziehen lassen.

Das Sabayon auf kalte Teller verteilen, die Rotweinbirnen jeweils in die Mitte setzen und die B'soffnen Jungfern anrichten.

Gratinierte Käseplatte

Für 2 Personen

40 g milder Reblochon Käse
40 g milder Ziegenkäse
40 g Roquefort oder ein anderer Blauschimmelkäse
40 g Emmentaler
40 g Brie
40 g Munster
40 g Gaperon
4 Rosmarinzweige
Schnittlauch
Pfeffer
Olivenöl

Für den Salat:

1 Kopfsalat
Essig, Öl
Salz, Pfeffer, Kräuter

Den Käse wenn nötig entrinden und in gleichmäßig dünne Scheiben schneiden und auf den Tellern anrichten. Die Rosmarinzweige darauflegen. Bei Oberhitze in den heißen Ofen stellen, bis der Käse geschmolzen ist.

Mit etwas Olivenöl übergießen und mit frisch gemahlenem Pfeffer würzen. Mit dem Schnittlauch bestreuen. Mit Weißbrot oder Bauernbrot und dem grünen Salat servieren.

Weinempfehlung: Pinot Noir, Karl Heinz Johner, Kaiserstuhl, Baden.

Kirschen-Dreierlei

Für 4 Personen

1/2 kg große Herzkirschen
Minzeblätter

Für die Marinade:

3 cl Kirschbrand
2 cl Maraschino
3 cl Kirschlikör
Zucker

Für das Sorbet:

1/4 l frischer Kirschsaft
Saft von 1/2 Zitrone
75–125 g Zucker, je nach Süße des Saftes

Die Kirschen entsteinen und für etwa 3 Stunden in die Marinade legen.

Für das Sorbet den Kirschsaft mit Zitronensaft und Zucker abschmecken. Er darf nicht zu süß, aber auch nicht zu sauer sein, da die Konsistenz auch vom Zuckeranteil abhängt. Den Saft in einer Sorbetière kalt rühren.

Auf gekühlten Tellern die marinierten Kirschen anrichten und mit der Marinade übergießen. Eine Kugel Kirschsorbet in die Mitte geben und mit Minze garnieren.

Joghurtmousse mit Beeren

Für 4 Personen

400 g Joghurt
3 Blatt Gelatine
1 Vanilleschote
4 EL Puderzucker
1 EL Zitronensaft
250 g Sahne
500 g Beeren
75 g Honig
Zitronenmelisse

Joghurt mit Honig, dem Mark der Vanilleschote und dem Zitronensaft gut verrühren. Die eingeweichte und in etwas Wasser auf dem Herd aufgelöste Gelatine unter die Masse rühren. Die Sahne schlagen und vorsichtig unterheben.

Die Mousse in leicht geölte Förmchen füllen und kalt stellen.

Die Früchte eventuell kleinschneiden und mit dem Puderzucker anmachen. Die Mousse auf Teller stürzen und die Beeren anrichten. Mit Zitronenmelisse garnieren.

Kletzeneis mit eingelegten Beeren

Für 6 Personen

300 g Kletzen, in Wasser eingeweicht (getrocknete Birnen)
250 g Sahne
250 g Milch
4 Eigelb
75 g Zucker
1 Vanilleschote
5 cl Birnengeist
300 ml Cassissauce (schwarzes Johannisbeermark mit Läuterzucker = Zucker und Wasser 1:1)
200 g Himbeeren, in Himbeergeist eingelegt
200 g Brombeeren, in Brombeergeist eingelegt
1 EL Pistazien, gehackt

Die eingeweichten Kletzen durch ein Sieb passieren. Mit Sahne, Milch, Eigelb, Zucker und Vanillemark verrühren und unter ständigem Rühren erhitzen, aber auf keinen Fall kochen. Kalt werden lassen, den Birnengeist unterrühren. Die Masse in der Sorbetière gefrieren.

Pro Person 2 Eiskugeln anrichten und mit der Cassissauce umgießen. Mit Himbeeren, Brombeeren und gehackten Pistazien garnieren.

Terrine von weißen Pfirsichen

Für 10 Personen

10 weiße Pfirsiche
1 l Pfirsichsaft, selbst gemacht
200 g Puderzucker
10 Blatt Gelatine
300 g Crème fraîche
4 cl Pfirsichlikör oder -schnaps
einige Minzeblätter

Für die Sauce:

500 g Himbeeren
100 ml Himbeerlikör
100 ml Läuterzucker

Die Pfirsiche kurz in kochendem Wasser blanchieren und sofort in Eiswasser abschrecken. Die Pfirsiche schälen, vierteln und vorsichtig vom Kern lösen.

Den Pfirsichsaft auf gut die Hälfte einkochen und mit dem Puderzucker vermischen. Die eingeweichte Gelatine im heißen Pfirsichsaft auflösen und abkühlen lassen. Kurz bevor die Masse fest zu werden beginnt, die Crème fraîche unterrühren und mit dem Pfirsichlikör abschmecken.

In eine Terrine schichtweise abwechselnd Pfirsichmasse und Pfirsiche geben und oben glattstreichen. Auskühlen lassen.

Für die Sauce die Himbeeren durch ein Sieb passieren und mit Läuterzucker und Himbeerlikör abschmecken.

Die Terrine mit einem scharfen Messer (Elektromesser) in Scheiben schneiden, anrichten und mit der Sauce umgießen. Mit etwas Minze garnieren.

Mandel-Amaretto-Soufflé

Für 4 Personen

6 Eiklar
2–3 EL Zucker
2 cl Mandelsirup
2 cl Mandellikör, z. B. Amaretto
2 EL Mandeln, trocken geröstet und gehobelt
zerlassene Butter

Das Eiklar mit dem Zucker aufschlagen, bis es steif und glatt ist. Mit Mandelsirup und Amaretto abschmecken. Dabei ständig rühren. Nicht zuviel und nicht zuwenig Flüssigkeit zugeben. Die Eiklarspitzen am Schneebesen sollten immer noch »wegstehen«. Die Mandeln unter die Masse heben.

Souffléformen mit Butter auspinseln, mit etwas Zucker füllen und wieder leeren. Das hilft, daß das Soufflé besser aus der Form hochgehen kann.

Die Masse in die Souffléformen füllen und im Ofen bei 200 Grad etwa 8 Minuten backen. Das ist abhängig von der Größe und der Dickwandigkeit der Formen.

Anmerkungen: Das Soufflé gehört zu den »Königs-Desserts«. Da man vor dem Dessert meistens schon reichlich gegessen hat, ist ein traditionelles Soufflé oft zu schwer. Deshalb sollten Sie dieses Dessert probieren, das ich in ähnlicher Art im Restaurant »Taillevent« in Paris entdeckt habe. Es ist ohne Mehl und Butter gemacht und deshalb überraschend leicht.

Es ist schwierig, genaue Mengenangaben zu machen. Aber nach einigen Versuchen entwickelt man das richtige Gefühl dafür. Gibt man zuwenig Flüssigkeit dazu, dann geht das Soufflé wie ein Pilz auf und reißt am Rand auf. Gibt man zuviel Flüssigkeit dazu, fällt es zusammen und wird zäh. Gibt man zuviel Säure dazu, kann das Eiklar körnig werden.

Weinempfehlung: Eine Beerenauslese.

Marzipanmousse mit Kirschkompott

Für 10 Personen

300 g Marzipan
1/4 l Milch
5 Blatt Gelatine
1 Vanilleschote
500 g geschlagene Sahne
1 1/2 l frisches Kirschkompott

Das Marzipan fein bröseln und mit der Milch in einem Topf erwärmen und mit einem Schneebesen rühren, bis sich das Marzipan ganz aufgelöst hat. Die Vanilleschote auskratzen und das Mark zugeben. Eventuell etwas Milch nachgießen, wenn der Brei zu fest wird. Die eingeweichte Gelatine zugeben und abkühlen lassen. Kurz vor dem Festwerden die geschlagene Sahne unterheben und die Masse in Gläser oder Schüsseln füllen. Auskühlen lassen.

Mit dem Kirschkompott servieren (alternativ mit Himbeeren oder Erdbeeren).

Nußpudding mit Vanillesauce

Für 6 Personen

Für den Nußkuchen:

100 g Marzipan
110 g Zucker
100 g Eigelb
120 g Eiklar
140 g gemahlene Nüsse (Haselnuß, Walnuß, Mandel)
Zimt
Bittermandelöl
30 g Butter

Für die Vanillesauce:

1/2 l Milch
2 Vanilleschoten
8 Eigelb
100 g Zucker

Das Marzipan und 50 Gramm Zucker verkneten. Nach und nach die Eigelbe dazugeben, rühren bis eine schaumige Masse entsteht. Das Eiklar und den restlichen Zucker steif schlagen und unter die Masse heben. Anschließend die gemahlenen Nüsse mit dem Zimt und Bittermandelöl vorsichtig einrühren. Die Masse in eine eingefettete und gezuckerte Form (z. B. Gugelhopf-Form) füllen und im Wasserbad im Ofen bei 180 Grad gar ziehen lassen.

Für die Sauce die Milch mit den Vanilleschoten aufkochen. Die Eigelbe mit dem Zucker verrühren, in die Milch geben und erhitzen, aber nicht kochen.

Den Nußkuchen in Stücke schneiden, auf Tellern anrichten und mit der Vanillesauce umgießen.

B'soffne Schlosserbuam

Für 4 Personen

16 Dörrpflaumen (nicht zu trocken)
1/4 l Zwetschenwasser
16 Mandeln
Zucker
Zimt
Öl

Für den Backteig:

150 g Mehl
2 Eier
1/8 l Weißwein
2 EL Öl
1 Prise Salz

Die Dörrpflaumen entsteinen und im Zwetschenwasser einweichen, bis es fast ganz aufgesogen ist. Jede Dörrpflaume mit 1 Mandel füllen.

Die Zutaten für den Backteig verrühren. Die gefüllten Dörrpflaumen durch den Backteig ziehen und in der Friteuse im etwa 180 Grad heißen Öl ausbacken.

Im mit Zimt gemischten Zucker wälzen und auf einer Serviette anrichten.

Tip: Man kann die Schlosserbuam auch mit Vanillesauce servieren.

Anmerkung: Normalerweise werden bei diesem Gericht die Dörrpflaumen in Wasser eingeweicht. Das Zwetschenwasser verleiht diesem Dessert jedoch eine besondere Note.

Rotweinbirne mit weißer Pfirsichsauce

Für 4 Personen

4 Birnen, geschält, entkernt, mit Stil
1 l kräftiger Rotwein
100 ml Cassis
2 Zimtstangen
4–5 Gewürznelken
Zucker
Zitronenmelisse

Für die Pfirsichsauce:

4 weiße Pfirsiche, entsteint
100 ml Läuterzucker
Saft von 1 Zitrone
100 g Sahne

Den Rotwein auf die Hälfte reduzieren. Die Gewürze und den Cassis dazugeben und die Birnen darin kochen. Die Birnen sollten noch etwas Biß haben, aber auf keinen Fall hart sein. Im Fond abkühlen lassen.

Für die Sauce bis auf die Sahne alle Zutaten erhitzen, mixen und passieren. Die Sahne darunterrühren. Abkühlen lassen.

Die Birnen auf Tellern anrichten und mit der Sauce übergießen. Mit einigen Blättern Zitronenmelisse garnieren.

Schneeballen mit Karamelcreme

Für 4 Personen

6 Eiklar
70 g Zucker
Zucker für das Garwasser
Minzeblätter

Für die Sauce:

1/4 l Milch
1 Vanilleschote
6 Eigelb
50 g Zucker

Eiklar und Zucker zu einem steifen Schnee schlagen. Mit zwei großen Löffeln große Nocken formen und von beiden Seiten jeweils 2–3 Minuten in simmerndem Zuckerwasser zugedeckt garen. Auf ein Tuch legen und auskühlen lassen oder warm halten.

Milch mit der aufgeschnittenen Vanilleschote, die ausgestrichen wurde, aufkochen. Den Zucker karamelisieren lassen und langsam mit einem Schneebesen heiß in die Milch einrühren. Unter ständigem Rühren erhitzen und die Eigelbe zugeben, aber nicht mehr aufkochen lassen. Die Sauce sollte dabei fester werden. Warm oder kalt servieren.

Die Schneeballen auf der warmen oder kalten Karamelsauce anrichten und mit einem großen Minzblatt oder Zitronenmelisse garnieren.

Baiser-Schwäne mit Erdbeereis

Für 6 Personen

150 g Eiklar
150 g Zucker
1 Prise Salz
6 große Kugeln Erdbeereis
1/4 l Erdbeersauce
100 g Joghurt
einige Minzeblätter

Das Eiklar mit einem Drittel des Zuckers steif schlagen. Salz und den restlichen Zucker dazugeben und nochmal einige Zeit schlagen. Die Masse in einen Spritzbeutel geben und auf Pergamentpapier 12 Schwanenflügel und 6 Schwanenhälse (S-Form) formen. Im etwa 70 Grad heißen Ofen einige Stunden austrocknen lassen.

Erdbeersauce und Joghurt vermischen und auf 6 Teller verteilen.

Die Eiskugeln jeweils links und rechts mit einem Flügel »bekleben« und den Hals in die Eiskugel stecken.

Die Schwäne auf die Sauce setzen und mit Minzeblättern garnieren.

Windbeutel auf Rotwein-Birnen-Sauce

Für 4 Personen

100 g Frischkäse oder Mascarpone
150 g Crème fraîche
4 Minzeblätter

Für den Brandteig:

150 g Mehl, gesiebt
1/4 l Milch
75 g Butter
Salz
5 Eier
Eigelb
10 g Zucker
Schale von 1 Zitrone

Für die Rotwein-Birnen-Sauce:

1/4 l kräftiger Rotwein
1 Birne, geschält und entkernt
etwas Zucker

Für den Teig Milch, Butter und Salz in einer Kasserolle aufkochen. Das Mehl hineingeben und die Masse mit einem Spatel verarbeiten, bis sie sich von der Kasserolle löst. Vom Herd nehmen und nacheinander die Eier einarbeiten.

Mit einem Spritzsack und einer Sterntülle walnußgroße Häufchen auf ein eingefettetes Blech spritzen, mit Eigelb bestreichen und bei mittlerer Oberhitze backen.

Den Brandteig erkalten lassen und die Frischkäsemischung mit einem Spritzsack und feiner Tülle in die kleinen Windbeutel einfüllen.

Den Rotwein mit dem Zucker und der Birne aufkochen, kalt werden lassen und mixen.

Die Sauce auf flache Teller verteilen. Die Windbeutel darauflegen und mit Crème fraîche und einem Minzeblatt garnieren.

Grundrezepte

Brauner Fond vom Kalb, Lamm, Geflügel oder Wild

Für 1 Liter

1 1/2 kg Kalbsknochen, in kleine Stücke gehackt
100 ml Öl
2 Zwiebeln, gewürfelt
2 Karotten, gewürfelt
1/2 Sellerie, gewürfelt
1/2 Stange Lauch, in Scheiben geschnitten
1 Knoblauchzehe
1 Flasche kräftiger, trockener Rotwein
2 l Wasser
1 Rosmarinzweig
1 Thymianzweig
1 Lorbeerblatt
einige Pfefferkörner, zerdrückt

Die Knochen in Öl im Ofen anbraten, dabei immer wieder umrühren. Wenn die Knochen goldbraun sind, das Gemüse dazugeben und rösten. Weiterrühren, bis das Gemüse braun ist.

Mit dem Rotwein ablöschen und mit einem Holzspatel den Bratensatz vom Pfannenboden lösen. Das Wasser dazugießen und die Gewürze zugeben. 4 Stunden sanft köcheln lassen, zwischendurch immer wieder entfetten. Sollte der Flüssigkeitsspiegel unter die Knochen sinken, etwas Wasser nachgießen.

Den Fond durch ein feines Sieb passieren und weiter einkochen. Dann durch ein feines Tuch passieren und eventuell abschäumen und entfetten. Auf 1 Liter einkochen und kalt stellen.

Nach diesem Grundrezept lassen sich auch andere Fonds herstellen: je nach den verwendeten Knochen Lammfond, Geflügelfond oder Wildfond.

Heller Fond vom Kalb oder Geflügel

Für 1 Liter

1 1/2 kg Kalbsknochen, in kleine Stücke gehackt
2 l Wasser
1 Zwiebel, mit Nelke und Lorbeer gespickt
2 Karotten, in Scheiben geschnitten
1/2 Sellerie, gewürfelt
1 Stange Lauch, grob geschnitten
1 Bund Petersilie
1 Thymianzweig
1/2 l trockener Weißwein
einige Pfefferkörner, zerstoßen

In einem großen Topf die Knochen mit dem Wasser aufkochen und abschäumen. Alle anderen Zutaten dazugeben und 3–4 Stunden sanft köcheln. Hin und wieder entfetten. Durch ein Tuch passieren und kalt stellen.

Für einen Geflügelfond anstelle der Kalbsknochen Geflügelknochen verwenden.

Sauce Hollandaise

Für 1/4 Liter

4 cl Wasser
4 cl Weinessig
4 cl Weißwein
8 weiße Pfefferkörner, zerdrückt
2 Eigelb
200 g zerlassene Butter
Zitronensaft
Salz, Cayennepfeffer

Wasser, Weinessig, Weißwein und die Pfefferkörner kochen und reduzieren. Die Eigelb hinzufügen und im Wasserbad schaumig schlagen.

Vom Herd nehmen und die lauwarme zerlassene Butter langsam unterrühren. Mit Salz, Cayennepfeffer und Zitronensaft abschmecken.

Fischfond

Für 1/2 Liter

250 g Gräten und Abschnitte von weißen Edelfischen
50 g Sellerie, in Scheiben geschnitten
50 g Schalotten, in Scheiben geschnitten
50 g Karotten, in Scheiben geschnitten
50 g Lauch, nur das Weiße
1/2 Flasche trockener Weißwein
1/4 l Wasser
einige Pfefferkörner, Salz

Alle Zutaten in einem Topf aufkochen und 30 Minuten leicht köcheln lassen. Öfter abschäumen und zum Schluß durch ein feines Tuch passieren.

Weiße Sauce vom Kalb, Geflügel oder Fisch

Für 1/8 Liter

1/8 l Fond (Kalb, Geflügel oder Fisch)
1/8 l Crème double
30 g Butter
Salz, Pfeffer

Den Fond mit der Crème double um die Hälfte einkochen, mit dem Handmixer die Butter unterrühren und mit Salz und Pfeffer abschmecken.

Register der Rezepte

Zum Aperitif

Vorspeisen

Suppen

Fischgerichte

Zwischengerichte

Fleischgerichte

Käse und Desserts

Grundrezepte